Kauderwelsch

Band 13

©RK

Strokkur im Licht des arktischen Sommers

Impressum

Richard H. Kölbl

Isländisch — Wort für Wort

erschienen im

Reise Know-How Verlag Peter Rump GmbH
Osnabrücker Str. 79, D-33649 Bielefeld
info@reise-know-how.de

Bearbeitung	Claudia Schmidt, Josef Overberg
Layout	Svenja Lutterbeck
Layout-Konzept	Günter Pawlak, FaktorZwo! Bielefeld
Umschlag	Peter Rump
Kartographie	Iain Macneish
Fotos	Richard H. Kölbl (RK), Peter Rump (PR)
Druck und Bindung	Werbedruck GmbH Horst Schreckhase, Spangenberg

ISBN: 978-3-8317-6414-3
Printed in Germany

Dieses Buch ist erhältlich in jeder Buchhandlung Deutschlands, Österreichs, der Schweiz und der Benelux-Staaten. Bitte informieren Sie Ihren Buchhändler über folgende Bezugsadressen:

BRD	Prolit GmbH, Postfach 9, 35461 Fernwald (Annerod) sowie alle Barsortimente
Schweiz	AVA-buch 2000, Postfach 27, CH-8910 Affoltern
Österreich	Mohr Morawa Buchvertrieb GmbH, Sulzengasse 2, A-1230 Wien
Belgien & Niederlande	Willems Adventure, www.willemsadventure.nl
direkt	Wer im Buchhandel kein Glück hat, bekommt unsere Bücher zuzüglich Porto- und Verpackungskosten auch direkt über unseren Internet-Shop: **www.reise-know-how.de**.

Zu diesem Buch ist ein **AusspracheTrainer** erhältlich, auf **Audio-CD** in jeder Buchhandlung Deutschlands, Österreichs, der Schweiz und der Benelux-Staaten oder als **MP3-Download** unter **www.reise-know-how.de**
Der Verlag möchte die **Reihe Kauderwelsch** weiter ausbauen und **sucht Autoren!** Mehr Informationen finden Sie unter **www.reise-know-how.de/rkh_mitarbeit.php**

Kauderwelsch

Richard H. Kölbl

Isländisch

Wort für Wort

**Zu diesem Buch
ist ein AusspracheTrainer
als MP3-Download erhältlich:
www.reise-know-how.de**

**Auch als Audio-CD
im Buchhandel:
ISBN 978-3-8317-6121-0**

Worte, Worte - Substantive!
Sie brauchen nur die Schwingen zu öffnen
und Jahrtausende entfallen ihrem Flug.

Gottfried Benn, Probleme der Lyrik

REISE KNOW-HOW
im Internet
www.reise-know-how.de
info@reise-know-how.de

Kauderwelsch-Sprachführer sind anders!

Warum? Weil sie Sie in die Lage versetzen, wirklich zu sprechen und die Leute zu verstehen.

Wie wird das gemacht? Abgesehen von dem, was jedes Sprachbuch bietet, nämlich Vokabeln, Beispielsätze etc., zeichnen sich die Bände der Kauderwelsch-Reihe durch folgende Besonderheiten aus:

Die **Grammatik** wird in einfacher Sprache so weit erklärt, dass es möglich wird, ohne viel Paukerei mit dem Sprechen zu beginnen, wenn auch nicht gerade druckreif.

Alle Beispielsätze werden doppelt ins Deutsche übertragen: zum einen **Wort-für-Wort,** zum anderen in „ordentliches" Hochdeutsch. So wird das fremde Sprachsystem sehr gut durchschaubar. Denn in einer fremden Sprache unterscheiden sich z. B. Satzbau und Ausdrucksweise recht stark vom Deutschen. Ohne diese Übersetzungsart ist es so gut wie unmöglich, schnell einzelne Wörter in einem Satz auszutauschen.

Die **Autorinnen** und **Autoren** der Reihe sind Globetrotter, die die Sprache im Land selbst gelernt haben. Sie wissen daher genau, wie und was die Leute auf der Straße sprechen. Deren Ausdrucksweise ist nämlich häufig viel einfacher und direkter als z. B. die Sprache der Literatur oder des Fernsehens.

Besonders wichtig sind im Reiseland **Körpersprache, Gesten, Zeichen** und **Verhaltensregeln,** ohne die auch Sprachkundige kaum mit Menschen in guten Kontakt kommen. In der Kauderwelsch-Reihe wird darum besonders auf diese Art der nonverbalen Kommunikation eingegangen.

Kauderwelsch-Sprachführer sind keine Lehrbücher, aber viel mehr als traditionelle Sprachführer! Wenn Sie ein wenig Zeit investieren und einige Vokabeln lernen, werden Sie mit ihrer Hilfe in kürzester Zeit schon Informationen bekommen und Erfahrungen machen, die „sprachlosen" Reisenden verborgen bleiben.

Inhalt

Grammatik

Inhalt

Schiffsfriedhof oder Landdisco?

Vorwort

Island! Dieses Stichwort weckt bei vielen Vorstellungen von Gletschern und Vulkanen, Geysiren und Wasserfällen, Fjorden und Sandwüsten. Gewaltige, aber gleichzeitig auch sehr empfindliche Natur lockt jährlich viele Besucher auf die kahle Insel im Norden. Es ist die Heimat von 330.000 Einwohnern, die geprägt sind von der gegensätzlichen, rauen Natur und dem nicht immer einfachen Leben in ihrem Land: Oft wirken Isländer verschlossen und zurückhaltend. Dennoch heißt man den Gast hier gerne willkommen.

Zwar sind Englischkenntnisse weit verbreitet, aber die Erfahrung zeigt immer wieder, dass Reisende mit Sprachkenntnissen anders aufgenommen und nicht mit vorgefassten, klischeehaften Phrasen abgefertigt werden. Abgesehen davon ist Sprache ja ein wesentlicher Bestandteil eines fremden Landes. Und wer sein Interesse dadurch beweist, dass er sich auch nur ein paar Wörter davon aneignet, merkt bald, was eigentlich hinter der nordischen Kühle steckt: hilfsbereite, gastfreundliche und liebenswerte Leute.

Dieser Sprechführer soll dabei helfen, diese oft vernachlässigte Seite Islands zugänglicher zu machen. Es gibt wenig Lehrbücher zum Selbstlernen. Isländisch zu lernen erfordert einigen Einsatz, aber der Erfolg ist die Mühe wert, meine ich.

Viel Spaß beim Lernen und Sprechen und in Island selbst: *Góða ferð!* Richard H. Kölbl

Hinweise zur Benutzung

Der Kauderwelsch-Band „Isländisch" ist in drei wichtige Abschnitte gegliedert:

Die **Grammatik** beschränkt sich auf das Wesentliche, wenn auch auf die Kenntnis wichtiger Beugungsendungen nicht verzichtet werden konnte. Sie bilden das Grundgerüst der Sprache. Alle Feinheiten und Ausnahmen sind jedoch nicht erklärt. Ziel ist es, sich eine gute Grundlage des Isländischen anzueignen.

Die Aussprache des Isländischen ist zwar regelmäßig, aber doch anfangs etwas ungewohnt, da das Schriftbild von der Aussprache teilweise ziemlich stark abweicht. Um Ihnen das Erlernen der Aussprache zu erleichtern, wurde in weiten Teilen des Sprachführers dem isländischen Original eine deutsche Umschrift beigefügt. Diese kann dann einfach so abgelesen werden, als handelte es sich um deutsche Wörter. Lediglich auf vier Sonderzeichen (ð, th, G, H) konnte nicht verzichtet werden. Deren Aussprache wird im Kapitel „Aussprache" erklärt.

Konversation: In diesem Teil finden Sie Sätze aus dem Alltagsgespräch, die Ihnen einen ersten Eindruck davon vermitteln sollen, wie die isländische Sprache „funktioniert" und die Sie auf das vorbereiten sollen, was Sie später in Island hören werden.

Jede Sprache hat ein typisches Satzbaumuster. Um die sich vom Deutschen unter-

Hören Sie sich Aussprachebeispiele mit Ihrem Smartphone an! Ausgewählte Kapitel in diesem Buch sind dafür mit einem QR-Code ausgestattet. Wer kein Smartphone hat, kann sich die Sätze auch auf unserer Webseite anhören: www.reise-know-how.de/kauderwelsch/013

scheidende Wortfolge isländischer Sätze zu verstehen, ist die **Wort-für-Wort-Übersetzung** in *kursiver* Schrift gedacht. Jedem isländischen Wort entspricht ein Wort in der Wort-für-Wort-Übersetzung. Sie fehlt nur dann, wenn die isländische und deutsche Wortfolge übereinstimmen.

Wird ein isländisches Wort durch zwei Wörter im Deutschen übersetzt, werden diese in der Wort-für-Wort-Übersetzung mit Bindestrich verbunden, z. B.:

original Isländisch:	**hótelið**
deutsche Umschrift:	houtäleð
Wort für Wort:	*Hotel-das*
deutsche Übersetzung:	das Hotel

Werden in einem Satz mehrere Wörter angegeben, die man untereinander austauschen kann, steht ein Schrägstrich:

Ég er Þjóðverji/Svisslendingur.
jäG är thjouðvärje/svessländingür
Ich bin Deutscher/Schweizer.

Gelegentlich ist es notwendig, entweder die männliche, weibliche oder sächliche Form des persönlichen Fürwortes oder Eigenschaftswortes zu benutzen, je nachdem, ob ein Mann oder eine Frau den Satz spricht, ein Mann oder eine Frau angesprochen wird oder über einen Mann oder eine Frau geredet wird. Das sieht dann so aus:

Wer mehr lernen möchte, findet im Anhang eine Liste mit weiterführender Literatur. Natürlich kann man die Grammatik auch überspringen und sofort mit dem Konversationsteil beginnen. Wenn dann Fragen auftauchen, kann man immer noch in der Grammatik nachsehen.

Seitenzahlen
Um Ihnen den Umgang mit den Zahlen zu erleichtern, ist auf jeder Seite die Seitenzahl auch auf Isländisch angegeben!

Wenn „sie" nur Männer sind, heißt der Satz: Þeir eru stórir, *wenn mit „sie" nur Frauen gemeint sind:* Þær eru stórar. *Die sächliche Form gebraucht man, wenn von sächlichen Dingen die Rede ist oder „sie" Männer und Frauen sind (grammatikalische Gleichberechtigung!):* Þau eru stór.

Þeir / Þær / Þau eru stórir / stórar / stór.
thäir / thair / thöi ärü stourir / stourar / stour
sie(m/w/s) sind große(m/w/s)
Sie sind groß.

Mit Hilfe der Wort-für-Wort-Übersetzung können Sie bald eigene Sätze bilden. Um Ihnen das zu erleichtern, sind die Beispielsätze zum größten Teil nach allgemeinen Kriterien geordnet („begrüßen", „verabschieden" usw.). Mit einem kleinen bisschen Kreativität und Mut können Sie sich neue Sätze zusammenbauen, auch wenn das Ergebnis nicht immer grammatikalisch perfekt ausfällt.

Die Wortlisten am Ende des Buches helfen Ihnen dabei. Sie enthalten einen Wortschatz von je ca. 900 Wörtern Deutsch-Isländisch und Isländisch-Deutsch, mit denen man schon eine ganze Menge anfangen kann.

Die Umschlagklappe hilft, die wichtigsten Sätze und Formulierungen stets parat zu haben. Aufgeklappt ist der Umschlag eine wesentliche Erleichterung, da nun die gewünschte Satzkonstruktion mit dem entsprechenden Vokabular aus den einzelnen Kapiteln kombiniert werden kann.

Wenn alles nicht mehr weiterhilft, dann ist vielleicht das Kapitel „Nichts verstanden? – Weiterlernen!" der richtige Tipp. Es befindet sich ebenfalls im Umschlag, stets bereit, mit der richtigen Formulierung für z. B. „Ich habe leider nicht verstanden." oder „Wie bitte?" auszuhelfen.

Das Isländische

Das Isländische ist mit dem Dänischen, Schwedischen und Norwegischen verwandt. Wie diese Sprachen hat es sich aus dem Altnordischen entwickelt, der Sprache der „Wikinger". Norwegische Einwanderer, die ab 874 n. Chr. Island besiedelten, brachten das Altnordische mit auf die Insel. Dank der Abgelegenheit, aber auch der besonderen Liebe der Isländer zu ihrer Sprache, hat sie sich seit der Zeit ziemlich unverändert erhalten. Das heißt aber vor allem, dass sie das ausgefeilte System von Endungen bei allen Wortklassen und detailreichste grammatikalische Besonderheiten beibehalten hat, die die anderen skandinavischen Sprachen abgestreift haben. Nur das Färöische ist dem Isländischen noch ähnlich: Wer Neu-Isländisch beherrscht, kann geschriebenes Alt-Isländisch, also die Sprache der berühmten Sagas usw., und teilweise sogar Färöisch mehr oder weniger entziffern. Dialekte gibt es im Isländischen kaum.

Die Isländer sind – sicher zu Recht – stolz auf ihre Sprache, die äußerst reich an Ausdrucksmöglichkeiten ist – ist sie doch eine stets gepflegte Literatursprache. Sie versuchen auch, sie möglichst frei von Fremdwörtern zu halten, und erfinden für alle Bereiche eigene isländische Wörter. So heißt *rafgeymir* wörtlich übersetzt „Bernsteinbehälter". – Wir sagen dazu nur „Autobatterie" ...

Kauderwelsch-AusspracheTrainer
Falls Sie sich die wichtigsten isländischen Sätze, die in diesem Buch vorkommen, einmal von einem Isländer gesprochen anhören möchten, brauchen Sie den **AusspracheTrainer** *zu diesem Buch. Sie bekommen ihn als* **MP3-Download** *über unseren Internetshop* **www.reise-know-how.de** *oder auf Audio-CD in Ihrer Buchhandlung. Alle Sätze, die Sie auf dem* **Kauderwelsch-AusspracheTrainer** *hören können, sind in diesem Buch mit einem Ohr (👂) gekennzeichnet. Mehr über den* **Kauderwelsch-AusspracheTrainer** *erfahren Sie auf* **www.reise-know-how.de**

Das Isländische

ATLANTISCHER OZEAN

Reykjanes
Keflavík
Reykjavík
Akranes
Borgarnes
Faxaflói
Stykkishólmur
Breiðafjörður
Ísafjörður
Horn
Húnaflói
Blönduós
Siglufjörður
Kópasker
Raufarhöfn
Fontur
Akureyri
Vopnafjörður
Seyðisfjörður
Barðsnes-horn
Neskaupstaður
Djúpivogur
Höfn
Vatnajökull
2119
Vík
Vestmannaeyjar

0   100 m

Das isländische Alphabet hat <mark>32</mark> Buchstaben:

> **a á b d ð e é f g h i í j k l m
> n o ó p r s t u ú v x y ý þ æ ö**

Die isländische Aussprache hat den Vorteil, dass sie ganz regelmäßig ist, im Gegensatz z. B. zum Englischen. Das versucht sie aber dadurch wettzumachen, dass sie einige ungewöhnliche Laute verwendet, die man am besten durchs Hören lernt.

Selbstlaute (Vokale)

Es gibt lange und kurze Vokale, doch sind sie nicht bedeutungsunterscheidend. Um jedoch der richtigen Aussprache möglichst nahe zu kommen, habe ich in manchen Fällen lange Vokale durch doppelte Vokale in der Lautschrift gekennzeichnet.

Das Akzentzeichen über á, é, í, ó, ú hat nichts mit Betonung zu tun, sondern verändert die Aussprache, wie in der Vokabeltabelle gezeigt wird. Es folgt jeweils ein isländisches Beispielwort mit Übersetzung. In Lautschrift (blau) steht das isländische Beispielwort, wie es auf Deutsch geschrieben werden würde.

Die Erfahrung zeigt, dass sich die Isländer manchmal etwas schwertun, Isländisch mit fremdem Akzent zu verstehen. Daher empfiehlt es sich, am Anfang langsam und deutlich zu sprechen.

a	helles „a" wie „Ta**sse"**	**gat**	gaat (Loch),
	vor ng oder nk wie „au" in „faul"	**langt**	laungt (lang)
á	„au" wie in „faul"	**má**	mau (dürfen)
e	„ä" wie „Bär"	**te**	tää (Tee)
é	„jä" wie „jäh"	**él**	jääl (Schneefall),
		tré	trjä (Baum)
i	„flaches" „i" wie in „mit",	**lita**	etwa wie leeta (färben)
	manchmal fast wie „ee" in „See"		
í	„spitzes" „i" wie „nie"	**líta**	liita (schauen)
o	offenes „o" wie „offen"	**oft**	oft (oft)
ó	wie „ou"	**tóm**	toum (leer)
u	wie „ü" in „Müller"	**um**	üm (um),
	vor ng und nk wie „u" in „Kuh"	**ungur**	ung-gür (jung)
ú	„u" wie in „Kuh"	**úr**	uur (Uhr; aus)
y	genau wie das isländische i (s.o.)	**ys**	etwa ees (Lärm)
ý	genau wie das isländische í (s.o.)	**ýsa**	iisa (Schellfisch)
æ	„ai" wie dt. „Kaiser";	**bær**	bair (Stadt)
	der Großbuchstabe sieht so aus: **Æ.**		
ö	„ö" wie „öffnen";	**öl**	öl (Bier),
	vor ng und nk wie „öi"	**söngur**	söing-gür (Gesang)

©PR

Doppellaute (Diphthonge)

ei,	wie „äi"	**nei**	näi (nein)
ey		**hey**	häi (Heu)
au	wie „öi"	**auk**	öik (außer)

Mitlaute (Konsonanten)

Doppelte Mitlaute sollten etwas nachdrücklicher ausgesprochen werden als einfache, weil sich manche Wörter durch sie unterscheiden:

vera	wära (das Verb „sein")
verra	wärra (schlechter)

Viele Doppelmitlaute werden aber etwas anders ausgesprochen als die einfachen, die stehen dann in der folgenden Tabelle. „WA" bedeutet Wortanfang, „WE" Wortende und „WM" Wortmitte. In Klammern steht bei einigen noch der Name des Lautes dabei.

An Wegweisern kann man gut isländische Aussprache üben!

b	„b" wie „**B**eere"	**ber**	bär (Beere)
d	„d" wie „**D**ach"	**dós**	dous (Dose)
ð	(Name: eð) stimmhaftes „th" wie engl. „**th**is"; der Großbuchstabe sieht so aus: **Ð**	**eða**	„äða" (oder)
f	am WA und vor k, s, t wie „f" in dt. „**f**ern"	**fá**	fau (wenige);
fl,	fl: außer am WA wie „bbl"	**efli**	äbble (Kraft)
fn	fn: außer am WA wie „bbn"	**efni**	äbbne (Stoff);
f	sonst immer wie „v" in „Vase"	**hafa**	haava (haben)
g	am WA vor a, á, o, ó, u, ú, ö und Mitlauten wie „g" in „**g**ut"	**góð**	gouð (gut),
	in der WM vor a, á, o, ó, u, ú, ö	**gler**	glär (Glas)
		aga	aaGa (strafen)
	und ð, r, s, t sowie am WE wird es ganz weich ausgesprochen, etwa wie ein stimmhaftes „ch" (in der Umschrift steht ein G)		
	vor allen anderen Mitlauten in der WM wie „gg" wie „E**gg**e"	**nögl**	nöggl (Nagel),
		leggja	läggja (legen)
	vor e, i, í, y, ý, æ immer wie „gj"	**gefa**	gjäva (geben)
gi,	nach jedem Selbstlaut werden	**í lagi**	i laije (in Ordnung),
gj	gi und gj wie „ij" gesprochen	**segja**	säija (sagen)
h	(Name: há) wie „h" in „**H**aus"	**hús**	huus (Haus)
hj	hj klingt wie „chj" in „Mäd**ch**en"	**hjá**	chjau (bei)
hl	bei hl muss ein kräftiges „h" vor dem „l" gesprochen werden	**hlaupa**	hlöipa (laufen)
hn	kräftiges „h" vor dem „n" sprechen	**hneta**	hnäta (Nuss)
hr	kräftiges „h" vor dem „r" sprechen	**hraun**	hröin (Lava)
hv	wie „kv" in „**Qu**ark"	**hval**	kval (Wal)
j	(Name: joð) wie „j" in dt. „**j**a"	**já**	jau (ja)
k	(Name: ká) vor a, á, o, ó, u, ú, ö, Mitlauten (außer s und t) und am WE wie „k" in „**K**arte"	**aka**	aaka (Auto fahren)
	vor s oder t wie „ch" in „Da**ch**"	**ekta**	ächta (echt)
	vor e, i, í, y, ý, æ wie „kj"	**kæri**	kjaire (lieb)
kk	wird wie „hk" gesprochen, d. h. ein „h" hauchen und mit einem „k" schließen	**ekki**	äHkje (nicht)
kl,	kl und kn spricht man (außer	**Hekla**	häHkla

kn	am WA) wie „Hkl" bzw. „Hkn". Das große „H" in der Umschrift bedeutet: das „H" wird gesprochen, kein Dehnungszeichen!	**Hekla** „häHkla" (Name eines Vulkans)
l	(Name: ell) „l" wie in „**L**uft"	**loft** loft (Luft)
ll	außer vor k, p, t wie „ttl"in „Vermi**ttl**er"; **falla** fattla (fallen) vor k, p, t ist ll ein einfaches „l":	**allt** alt (alles)
m	wie „m" in „**M**aus"	**mús** muus (Maus)
n	wie „n" in „**N**acht"	**nes** nääs (Halbinsel)
nn	nach á, é, í, ó, ú, ý, æ, ei, ey, au wie „ttn" in „Bre**ttn**agel"	**fínna** fittna (feineres)
ng	ng wie „ng + g" in „La**ngg**asse"	**langa** laung-ga (wollen)
p	wie „p" in „**P**aul"	**Páll** pauttl (Paul)
pp	p und pp vor k, s, t wie „f" pp sonst stets wie „Hp"	**skipta** skjefta (wechseln) **happ** haHp (Glück)
pl,	pl, pn außer am Wortanfang	
pn	wie „Hpl"bzw. „Hpn"	**epli** äHple (Apfel)
r	rollendes Zungenspitzen-r wie im Italienischen; Deutschsprechende müssen sich etwas bemühen, das r nicht wie „a" zu sprechen!	**rok** rok (stürm. Wind), **sandur** sandürr (Sand) (nicht „sandüa")
rl	rl wie „rtl" in „Wo**rtl**aut"	**perla** pärtla (Perle)
rn	rn wie „rtn" in „Gä**rtn**er"	**gjarna** gjartna (gern)
s	immer stimmlos wie in „e**ss**en"	**sól** soul (Sonne)
t	wie „t" in „**T**onne"	**tap** tap (Verlust)
tt,	wie „Ht", „Htl" bzw. „Htn":	**gott** goHt (gut),
tl,	deutliches „h" mit	**Katla** kaHtla
tn	einem „t" schließen	(Name eines Vulkans)
v	(Name: vaff) stimmhaft wie in „Vase"	**vara** vaara (Ware)
x	wie „ch-s" in „La**chs**alve", nicht wie „ks" in „La**chs**"!	**vaxa** vach-sa (wachsen)
þ	(Name: þorn) wie das stimmlose „th" in engl. „thunder", in der Umschrift steht dafür th. Der Großbuchstabe sieht so aus. Þ.,	**þú** thu (du)

Anmerkungen zur Aussprache

Viele Wörter unterscheiden sich oft nur wenig voneinander, z. B.:

hraun	hröin	Lava
raun	röin	Wahrheit
finna penna	fenna pänna	einen Stift finden
fínni penna	fittne pänna	feineren Stift
þaka	thaaka	Dächer
þakka	thaHka	danke

Buchstabieren

c heißt sé, q heißt kú und w heißt tvöfalt vaff.

Die Isländer sprechen oft schnell und verschleifen viel, das heißt, das ð, f, g und h fallen bisweilen aus. So wird z. B. der Satz:

þetta á að vera einhvers staðar
thäHta au að vära äinkvärs staðar
das hat zu sein eines Ortes
das muss irgendwo sein

... schnell gesprochen wie:
thäHtaua vära äingkvürstar!

Die Laute l, m, n und r werden im Süden Islands oft so leise gesprochen, dass man sie kaum hört, besonders am Wortende, so klingt z. B. logn (Windstille) etwa wie „lok", henta (passen) wie „häHta".

Betonung und Satzmelodie

Die Betonung liegt immer auf der ersten Silbe. In Fragen sprechen die Isländer das wichtigste Wort (bjart) am höchsten von allen anderen aus und senken am Satzende die Stimme:

Verður veðrið bjart á morgun?
varður vaðreð bjart au morgün
wird Wetter-das klar auf morgen
Wird das Wetter morgen schön?

©PR

Verður veðrið bjart á morgun? Wird das Wetter morgen schön?

Wörter, die weiterhelfen

Mit den folgenden Ausdrücken kann man schon das Wichtigste auf Isländisch sagen:

Fyrirgef ...!	**Má ég ...?**	**Takk fyrir.**
feerirgjäv	mau jäG	taHk feerir
Entschuldige ...!	Darf ich ...?	Vielen Dank.

Gjörðu svo vel.	**Allt í lagi.**
gjörðü svo väl	alt i laije
Bitte.	Alles in Ordnung.

Mit diesem Satz kann man auch nach einem Campingplatz, Laden, Arzt fragen.

Er hér ...	**Gibt es ...?**

Er hér hótel?
är chjär houtäl
Gibt es hier ein Hotel?

Die Antwort lautet möglicherweise:

Já, hér er hótel.
jau chjär är houtäl
ja, hier ist Hotel
Ja, hier gibt es ein Hotel.

oder: **Nei, hér er ekki hótel.**
näj chjär är äHkje houtäl
nein, hier ist nicht Hotel
Nein, hier gibt es kein Hotel.

Bei Bussen, Flugzeugen, Schiffen würde man sagen:

Fer héðan rúta/flugvél/skip til ...? (+ 2.)
fär chjäðan ruuta/flüGvjäl/skjep tel ...
geht von-hier Bus/Flugzeug/Schiff nach ...
Gibt es von hier einen Bus/Flugzeug/Schiff nach ...?

Die Antworten könnten lauten:

Den Zielort muss man dann allerdings im 2. Fall (Genitiv) beugen!

Já, héðan fer rútan númer tvö.
jau, chjäðan fär ruutan numär tvö
ja, von-hier geht Bus-der Nummer zwei
Ja, die Nummer zwei geht von hier.

Nei, héðan fer ekki rúta.
näj, chjäðan fär äHkje ruuta
nein, von-hier geht nicht Bus
Nein, von hier gibt es keinen Bus.

Hvar er ...?   Wo ist ...?

Hvar er hótel „Saga"?
kvar är houtäl saGa
Wo ist das Hotel „Saga"?

Hvar er umferðamiðstöðin?
kvar är ümfärðameðstöðen
Wo ist der Busbahnhof?

Hvar er sjúkrahús?
kvar är sjukrahuus
Wo ist ein Krankenhaus?

Die Frage hvar er … kann mit jedem Wort aus den Wortlisten ohne weitere Veränderung ergänzt werden, z. B.:

apótek (s2)	eine Apotheke
lækn|ir (m4)	ein Arzt
bank|i (m1)	eine Bank
sendiráð (s2)	die Botschaft
biðstöð, -var, -var (w3)	Bushaltestelle
tjaldstæði (s3)	Campingplatz
flugvöll|ur, -vallar, -vellir (m6)	der Flughafen
höfn, hafnar, hafnir (w6)	der Hafen
lögregl|a (w1)	die Polizei
pósthús (s2)	das Postamt
veitingahús (s2)	ein Restaurant
verslun, -ar, verslanir (w5)	ein Supermarkt
bensínstöð, -var, -var (w3)	eine Tankstelle
sím|i (m1)	ein Telefon
verkstæði (s3)	eine Werkstatt

Damit man bei der Antwort nicht ausschließlich auf Gesten angewiesen ist, hier ein paar Hinweise:

til vinstri	(nach) links
til hægri	(nach) rechts
til baka	zurück
beint áfram	geradeaus

Mig vantar …	**Ich brauche …**

Mig vantar herbergi.
meG vantar härbärgje
Ich brauche ein Zimmer.

Mig vantar (wörtl.: „mir fehlt") wird oft bei abstrakten Begriffen (z. B. Hilfe, Information,

Unterkunft) gebraucht und wenn man wirklich etwas benötigt, nicht nur kaufen möchte. Wenn man etwas im Laden kaufen möchte, sagt man:

Ég ætla að fá ...   **Ich möchte ...**

Auch in diesem Satz muss man das Wort, das man einsetzen möchte, im 4. Fall beugen:

Ég ætla að fá miða.
jäG aiHtla að fau meða
ich möchte zu bekommen Fahr-/Eintrittskarte(4)
Ich möchte eine Fahr-/Eintrittskarte.

miði bedeutet jede Art von Zugang gewährender Karte.

©RK

„JÆJA, ERU ÞEIR ÞÁ KOMNIR"
SÝNING UM HERNÁM BRETA Á ÍSLANDI Í
SÍÐARI HEIMSSTYRJÖLDINNI

BYGGÐASAFN HAFNARFJARÐAR

„NA, SIND SIE JETZT DA" Ausstellung über die britische Besatzung Islands im 2. Weltkrieg

Ö-Regel & Ausfallregel

Gleich zu Anfang soll auf zwei Regeln hingewiesen werden, die für alle Wortarten (Hauptwörter, Eigenschaftswörter etc.) gelten.

Ö-Regel

Ich habe in den Wortlisten hinter jedes Wort, wo die Ö-Regel angewendet wurde oder werden muss, ein „(Ö!)" geschrieben.

Über „Wortstämme" und „Endungen" erfährt man mehr in den nächsten Kapiteln.

Die Ö-Regel besagt, dass ein -a- in einem Wortstamm zu -ö- wird, wenn eine Endung angehängt wird, die -u- enthält.

Wenn z. B. an flask- (Wortstamm von „Flasche") die Beugungsendung -u (für den Wesfall Einzahl) angehängt wird, wird daraus flösku (der Flasche). Die Regel gilt nicht für die männliche Grundform des Haupt- und Eigenschaftsworts. So heißt „traurig" in der männlichen Grundform dapur, in der weiblichen aber döpur (Ö!).

Ausfallregel

Überall dort, wo die Ausfallregel gewirkt hat, habe ich das Wort mit "(A!)" gekennzeichnet.

Wenn an ein Wort bestimmte Endungen angehängt werden, können auch Selbstlaute aus dem Wortstamm einfach weg- bzw. ausfallen. Das nenne ich dann „Ausfallregel". Wenn z. B. an akur- (Stamm von „Acker") die Endung -i (für den Wemfall Einzahl) angehängt wird, wird daraus: akri.

Leider kommt man im Isländischen um die „Fälle", also um die Beugung von Hauptwörtern, Eigenschaftswörtern und des Artikels, nicht herum. Das Isländische kennt dieselben vier Fälle wie das Deutsche:

1. Werfall („wer") bzw. Nominativ, z. B.:
„der Mann"
2. Wesfall („wes") bzw. Genitiv, z. B.:
„das Auto des Mannes"
3. Wemfall („wem") bzw. Dativ, z. B.:
„Ich zeige es dem Mann."
4. Wenfall („wen") bzw. Akkusativ, z. B.:
„Ich sehe den Mann."

Steht ein Hauptwort, Eigenschaftswort sowie persönliches Fürwort im 2., 3. oder 4. Fall, ist dies in der Wort-für-Wort-Übersetzung mit der Nummer des betreffenden Falls kenntlich gemacht, z. B.:

hests	**flatan**	**mér**
Pferd(2)	*flach(4)*	*mir(3)*
Pferdes	flachen	mir

Hauptwörter

Man unterscheidet verschiedene Gruppen von Hauptwörtern anhand der verschiedenen Sets von Endungen, die sie bekommen.

Geschlecht

In den Wortlisten und im Kapitel "Beugung der Hauptwörter" sind die verschiedenen Hauptwortklassen durchnummeriert (z. B. m1, w2, s3, m4, m5 usw.). Diese Nummern sind vor allem für diejenigen interessant, die etwas tiefer in die isländische Grammatik einsteigen möchten; alle anderen dürfen sie übersehen.

Ebenso wie im Deutschen gibt es männliche, weibliche und sächliche Wörter (abgekürzt: m, w, s), Einzahl (Ez) und Mehrzahl (Mz). Dabei bestehen die isländischen Hauptwörter aus einem Stamm und einer Endung, z. B. hundur (Hund), hund- ist der Stamm und -ur die Endung.

Die Hauptwörter werden in Gruppen zusammengefasst, die bei der Beugung jeweils dieselben Endungen bekommen und oft auch noch zusätzlich im Stamm verändert werden. Zu welcher Gruppe das Hauptwort gehört, welches Geschlecht es hat, muss für jedes einzeln gelernt werden. Daneben gibt es nicht wenige, oft gebrauchte Wörter, die zu keiner Gruppe gehören.

Mehrzahl (Plural)

Die Mehrzahl wird gebildet, indem die Endung für die Einzahl durch die der Mehrzahl ersetzt wird. Leider kann man auch von der Mehrzahlform nicht eindeutig auf das grammatische Geschlecht schließen. Die Abkür-

zungen „m, w, s" geben das grammatische Ge-
schlecht an und die Zahl die jeweilige Beu-
gungsklasse.

Artikel

Im Isländischen gibt es nur den bestimmten
Artikel „der, die, das", der an das Hauptwort
angehängt wird und sich nach diesem in Zahl
und Geschlecht richtet:

*Auch die Artikel
werden in den ver-
schiedenen Fällen ge-
beugt. Mehr darüber
erfährt man im
Kapitel „Beugung
des Artikels".*

1. Fall (Wer)			
	männlich (der)	weiblich (die)	sächlich (das)
Ez	**-inn, -nn**	**-in, -n**	**-ið, -ð**
Mz	**-nir**	**-nar**	**-in, -n**

*(Die senkrechten
Striche dienen hier
nur als Hilfsmittel!)*

Endet das Hauptwort auf -a, -i oder -u, fällt das
i von -inn, -in, -ið weg. Nach -á, -ó und -ú bleibt es
erhalten, allerdings nur im Werfall Ez.

hundur|inn   **króna|n**   **tá|in**
Hund-der   *Krona-die*   *Zehe-die*
der Hund   die Krone   die Zehe

Beugung der Hauptwörter

Die Reihenfolge der Fälle ist anders als im Deutschen: Werfall (1.) – Wenfall (4.) – Wemfall (3.) – Wesfall (2.). In dieser Reihenfolge dekliniert auch jeder Isländer ein Wort durch. Deswegen wird sie im Folgenden auch beibehalten, ebenso wie die Bezeichnung „schwach" für Hauptwörter, die in der Einzahl nur Selbstlaute als Endungen haben, bzw. ihr Gegenteil, die „starken" Hauptwörter.

Gleich zu Anfang möchte ich die wichtigsten Gemeinsamkeiten bei den Beugungsendungen hervorheben, auf die ich dann im weiteren nicht weiter hinweisen werde:

Die Ö-Regel muss bei den Endungen -u, -um und -ur (außer 1. Fall Ez) beachtet werden (nicht extra gekennzeichnet), darüber hinaus in allen Fällen, wenn in den Tabellen angegeben.

Für alle Hauptwörter gilt: Die Mehrzahlendung im 2. Fall (Wesfall) ist fast immer -a (seltene Ausnahme: -na) und im 3. Fall (Wemfall) immer -um.

Für alle weiblichen und sächlichen Hauptwörter gilt: Die Mehrzahlendung im 1. Fall (Werfall) und 4. Fall (Wenfall) ist immer identisch.

Ein Großteil der männlichen Hauptwörter enden im 1. Fall Mehrzahl auf -ar, der 4. Fall Mz endet dann immer auf -a. Enden sie im 1. Fall Mz jedoch auf -ir, lautet die Endung im 4. Fall Mz -i.

schwache Hauptwörter: m1, w1, s1

Schwache männliche Hauptwörter („m1") enden im 1. Fall Einzahl (Ez) immer auf -i und in der Mehrzahl (Mz) meist auf -ar, einige auf -ur.

Schwache weibliche und sächliche Hauptwörter („w1", „s1") enden immer auf -a.

In der Mz enden die weiblichen immer auf -ur, die sächlichen auf -u.

m1	1.	4.	3.	2.
Ez	tím|i	tím|a	tím|a	tím|a
Mz	tím|ar	tím|a	tím|um	tím|a
w1	1.	4.	3.	2.
Ez	krón|a	krón|u	krón|u	krón|u
Mz	krón|ur	krón|ur	krón|um	krón|a
s1	1.	4.	3.	2.
Ez	aug|a	aug|a	aug|a	aug|a
Mz	aug|u	aug|u	aug|um	aug|na

tími	Stunde, Zeit
króna	Krone (Währung)
auga	Auge

männliche starke Hauptwörter (m2 bis m6)

Diese Wörter haben in der Grundform vier mögliche Endungen:

1. -ur, z. B. hest|ur „Pferd": m2

2. keine Endung, z. B. akur „Acker": m3 (hier gehört das -ur zum Stamm!)

3. -ir, z. B. lækn|ir „Arzt": m4

4. -n nach n, z. B. stein|n „Stein" oder -l nach l, z. B. bíl|l „Auto": beide m5. Jeweils das erste n oder l gehört zum Stamm!

Eine Gruppe für sich sind die männlichen Wörter auf -ur, die im Stamm ein -ö haben; wie in der Tabelle angegeben verwandelt es sich mal in -a, mal in -e. Beispiel: völl-ur „Feld": m6. Die Endungen für die Gruppen m2 bis m5 sind gleich, deshalb hier nur je ein Beispiel für m2, m4 und m6. Für die anderen Gruppen siehe Beispiel im Anhang.

(* in der Tat keine Endung!) Beispiel für ein m2 mit -ir in der Mehrzahl: gest|ur (m2) Gast: gestir (1. Mz) gesti (4. Mz) und 3. und 2. sind ganz regelmäßig: gestum, gesta.

m2	1.	4.	3.	2.
Ez	**hest|ur**	**hest***	**hest|i**	**hest|s**
Mz	**hest|ar**	**hest|a**	**hest|um**	**hest|a**
m4	1.	4.	3.	2.
Ez	**lækn|ir**	**lækn|i**	**lækn|i**	**lækn|is**
Mz	**lækn|ar**	**lækn|a**	**lækn|um**	**lækn|a**
m6	1.	4.	3.	2.
Ez	**völl|ur**	**völl***	**vell|i**	**vall|ar**
Mz	**vell|ir**	**vell|i**	**völl|um**	**vall|a**

In gar keine Gruppe passt das männliche Hauptwort maður (Mensch, Mann, man). In Klammern ist gleich der gebeugte Artikel ergänzt.

	Ez	Mz
1. wer	**maður(inn)**	**menn(irnir)**
4. wen	**mann(inn)**	**menn(ina)**
3. wem	**manni(num)**	**mönnunum**
2. wes	**manns(ins)**	**manna(nna)**

Im 3. Fall Mz. fällt vor dem Artikel -num das -m weg: mönnunum (nicht *mönnumnum)

weibliche starke Hauptwörter (w2 bis w7)

Bei den weiblichen starken Hauptwörtern gibt es einige Gemeinsamkeiten, die die zunächst verwirrenden 6 Gruppen w2 bis w7 einfacher durchschaubar machen:

In der Einzahl gibt es nur im 2. Fall eine Endung (-ar, -var oder -ur), alle anderen Fälle sind (mit einer Ausnahme) bei allen ohne Endung.

Der 1. und 4. Fall der Mehrzahl ist immer gleich, kann aber auf -ar, -var, -ir oder -ur enden, das muss man für jedes Wort einzeln lernen.

Auch hier gibt es Gruppen, die regelmäßige Veränderungen im Stamm haben. Die einzelnen Gruppen sehen in der Grundform so aus:

1. Der Stamm endet auf -ing: bygging „Gebäude": w2. Diese haben als einzige im 3./4. Fall der Einzahl ein -u. Sie werden alle gebeugt wie bygging (siehe Anhang).

Alle anderen Gruppen erhalten nur die Endungen, wie sie im Beispiel für jede Gruppe im Anhang gezeigt werden. Allerdings gibt es gerade bei den weiblichen noch einige weitere, seltener auftretende Klassen. bzw. nicht wenige Wörter, die keiner bestimmten Klasse zugeordnet werden können.

2. Keine besondere Endung, Stamm bleibt immer gleich: borg „Stadt": w3.

3. Im Stamm gibt es ein -ó-, das mit -æ- abwechselt: bók – bæk|ur „Buch, Bücher": w4

4. Der Stamm endet auf -un, der mit -an wechselt: verslun – verslan|ir „Laden": w5

5. Im Stamm gibt es ein -ö-, das mit -a- wechselt: höfn – hafn|ir „Hafen, Häfen": w6

6. Der Stamm endet auf -á, -ó oder -ú: á „Fluss": w7

Beispiele

An borg (Stadt), vík (Bucht) und stöð (Stelle) nachfolgend jeweils ein Beugungsbeispiel:

w3	1.	4.	3.	2.
Ez	borg	borg	borg	borg|ar
Mz	borg|ir	borg|ir	borg|um	borg|a

w3	1.	4.	3.	2.
Ez	vík	vík	vík	vík|ur
Mz	vík|ur	vík|ur	vík|um	vík|a

w3	1.	4.	3.	2.
Ez	stöð	stöð	stöð	stöð|var
Mz	stöð|var	stöð|var	stöð|vum	stöð|va

sächliche starke Hauptwörter (s2, s3)

Die sächlichen starken Hauptwörter haben im 1. und 4. Fall Ez und Mz keine besondere Endung, der 2. und 3. Fall ist gleich denen der männlichen starken Hauptwörter. Eine Besonderheit gibt es jedoch: hat der Stamm ein -a-, so wird dieses im 1. und 4. Fall Mz zu -ö-, selbst wenn keine Endung angehängt wird:

s2	1.	4.	3.	2.
Ez	**blóm**	**blóm**	**blóm|i**	**blóm|s**
Mz	**blóm**	**blóm**	**blóm|um**	**blóm|a**

s2	1.	4.	3.	2.
Ez	**land**	**land**	**land|i**	**land|s**
Mz	**lönd** Ö!	**lönd** Ö!	**lönd|um** Ö!*	**land|a**

die liebe Familie

Einige Verwandtschaftswörter bilden eine ganz eigene Beugungsgruppe. Dazu gehören: faðir (Vater), móðir (Mutter), dóttir (Tochter), bróðir (Bruder), systir (Schwester).

Ez		Mz		
1.	2./3./4.	1./4.	2.	3.
faðir	föður	feður	feðrum	feðra
móðir	móður	mæður	mæðrum	mæðra
dóttir	dóttur	dætur	dætrum	dætra
bróðir	bróður	bræður	bræðrum	bræðra
systir	systur	systur	systrum	systra

Die sächlichen Hauptwörter auf -i sind s3 (Beugung siehe Anhang). Enden sie auf -gi/-ki, wird das -i- vor -um/-a zu -j: rík\|i - rík\|jum. Auch bei einigen der Klasse s2 taucht vor -um/-a das -j- auf: egg - egg\|jum / egg\|ja, ber - ber\|jum / ber\|ja.

*Hier greift die Ö-Regel, da ja eine Endung mit -u- angehängt wurde. Diese gab es eigentlich in den beiden anderen Fällen auch, ist aber weggefallen – nur das ö blieb.

Beugung des Artikels

Beugung des Artikels

Die gebeugte Artikelendung wird an das gebeugte Hauptwort angehängt. Es wäre ganz nützlich, die Formen des Artikels gut zu beherrschen, weil man sich damit aus der Affäre ziehen kann, wenn einem einmal eine Beugungsendung nicht einfällt.

Beachte, dass das i des Artikels vor Selbstlauten meist wegfällt: tímanum, nicht tímainum! Bei sächlichen auf -ur fällt bei Hinzufügung des Artikels -ið, -inu und -in das u aus: veðr-ið (A!).

Ez	1.	4.	3.	2.
m	**-inn**	**-inn**	**-inum**	**-ins**
w	**-in**	**-ina**	**-inni**	**-innar**
s	**-ið**	**-ið**	**-inu**	**-ins**

Mz	1.	4.	3.	2.
m	**-nir**	**-na**	**-num**	**-nna**
w	**-nar**	**-nar**	**-num**	**-nna**
s	**-in**	**-in**	**-num**	**-nna**

hest|ur|inn
Pferd-das
das Pferd

hest|s|ins
Pferdes-des(2)
des Pferdes

tím|i|nn
Zeit-die
die Zeit

aug|u|n
Augen-die(4)
die Augen

Eigenschaftswörter

Die Eigenschaftswörter richten sich, wie im Deutschen, in Zahl und Geschlecht nach dem Hauptwort, auf das sie sich beziehen. Je nachdem, ob das dazugehörige Hauptwort mit Artikel oder ohne Artikel steht, erhalten sie unterschiedliche Endungen. Das ist wie im Deutschen, vergleiche: „groß-er Berg" (starke Form), „der groß-e Berg" (schwache Form).

Das Eigenschaftswort steht wie im Deutschen meistens vor dem Hauptwort.

In den Wortlisten steht das Eigenschaftswort mit der männlichen Endung (für das Hauptwort ohne Artikel, durch einen dünnen senkrechten Strich abgetrennt), so wie in der folgenden Tabelle:

-ur	gul|ur	gelb	
-r	blá|r	blau	
(l) - l	sæl|l	glücklich	*aus* * sæl|l
(n) - n	hrein|n	sauber	*aus* * hrein|n
(keine)	dapur	traurig	

Beugung der Eigenschaftswörter

Die Eigenschaftswörter erhalten, wie im Deutschen, unterschiedliche Endungen, je nachdem, ob das Hauptwort mit oder ohne Artikel verwendet wird. Steht das Hauptwort ohne Artikel, werden anstelle der Endung der Grundform die folgenden angehängt – erläutert am Beispiel gul|ur „gelb" (gul- ist Stamm, -ur ist die Endung der männlichen Ez 1. Fall):

Ez	1.	4.	3.	2.
m	gul|ur	gul|an	gul|um	gul|s
w	gul (Ö!)	gul|a	gul|ri	gul|rar
s	gul|t	gul|t	gul|u	gul|s

Mz	1.	4.	3.	2.
m	gul|ir	gul|a	gul|um	gul|ra
w	gul|ar	gul|ar	gul|um	gul|ra
s	gul (Ö!)	gul (Ö!)	gul|um	gul|ra

Hierbei gibt es drei Dinge zu beachten:

1. In den Fällen, wo keine Endung angehängt wird, greift wieder die Ö-Regel, wenn ein -a- im Stamm ist:

Hier sieht man am Beispiel vom faulen Kind, wie ganz regelmäßig das Doppel-t als Ht ausgesprochen wird.

lat|ur karl latür kartl	ein fauler Mann
löt (Ö!) **kona** löt kona	eine faule Frau
lat|t barn laHt bartn	ein faules Kind

2. Die Endungen -ri, -rar und -ra passen sich immer den Eigenschaftswörtern an, die

– in der Grundform auf -nn enden; dort werden sie zu -ni, -nar, -na: z. B. hreinn „rein": hrein|ri wird zu hreinni.

   – in der Grundform auf -ll enden; dort werden sie zu -li, -lar, -la: z. B. sæll „glücklich": sæl|rar wird zu sællar.

   – in der Grundform nur auf -r (nicht -ur) enden, z. B. blár „blau"; hier verdoppelt sich das -r- und zusätzlich das -t: blára wird zu blárra, blát zu blátt.

   3. Der wichtigste Stolperstein für Deutschsprechende: das Eigenschaftswort erhält immer die Endungen, die mit dem Fall, Geschlecht und der Zahl des vom Sinn her zugehörigen Hauptwortes übereinstimmen, selbst wenn mit dem Verb „sein" am Satzende steht:

Árnar á Íslandi eru bláar og hreinar.
aurtnar au iislande ärü blauar oG hräinar
Flüsse-die auf Island(3) sind blaue(w, Mz 1)
und saubere(w, Mz 1)
Die Flüsse auf Island sind blau und sauber.

Hann taldi sig vera veikan. (nicht: **veikur**!)
hann talde seG wära wäikan
er zählte sich zu-sein kranken (Ez 4. m;
bezieht sich auf sig, das im 4. Fall steht!)
Er glaubte, krank zu sein.

Nun folgen noch die vergleichsweise unproblematischen Endungen, die das Eigenschaftswort erhält, wenn das Hauptwort mit Artikel steht.

Ez	1.	4.	3.	2.
m	gul|i	gul|a	gul|a	gul|a
w	gul|a	gul|u (Ö!)	gul|u (Ö!)	gul|u (Ö!)
s	gul|a	gul|a	gul|a	gul|a

Mz	1.	4.	3.	2.
m	gul|u (Ö!)	gul|u (Ö!)	gul|u (Ö!)	gul|u(Ö!)
w	gul|u (Ö!)	gul|u (Ö!)	gul|u (Ö!)	gul|u(Ö!)
s	gul|u (Ö!)	gul|u (Ö!)	gul|u (Ö!)	gul|u(Ö!)

Vergleiche folgendes Beispiel mit der faulen Familie oben: hier steht nun der Artikel davor:

lat\|i maður\|inn
late maðürenn
der faule Mann

lat\|a kona\|n
lata konan
die faule Frau

lat\|a barn\|ið
lata bartneð
das faule Kind

löt\|u börn\|in
lötü börtnen
die faulen Kinder

Ein Hinweis noch: es gibt Eigenschaftswörter, die zwar auf -inn enden, aber nicht so gebeugt werden wie hreinn. Ein wichtiges ist búinn, das „fertig" bedeutet. Diese Wörter sind unkompliziert, da man so tun kann, als wäre die Endung -inn der Artikel, sie lautet nämlich in allen Fällen ebenso. Näheres hierzu im Kapitel „Tätigkeitswörter".

Steigern & Vergleichen

Eigenschaftswörter lassen sich wie folgt steigern:

Für die 1. Steigerungsstufe (Komparativ) hängt man die Endung -ri oder -ari an den Stamm des Eigenschaftswortes an.

Ausnahme sind die Eigenschaftswörter, die auf (l) -l und (n) -n enden. Für die 2. Steigerungsstufe (Superlativ) hängt man -astur (m), -ust (w; Ö!), -ast (s) an.

	1. Stufe	2. Stufe (m, w, s)
gul|ur (gelb)	gul|ari	gul|astur, gul|ust, gul|ast
flat|ur (flach)	flat|ari	flat|astur, flöt|ust (Ö!), flat|ast
blá|r (blau)	blá|rri	blá|astur, blá|ust, blá|ast
sæl|l (glücklich)	sæl|li	sæl|astur, sæl|ust, sæl|ast
hrein|n (sauber)	hrein|ni	hrein|astur, hrein|ust, hrein|ast
dapur| (traurig)	dapr|ari (A!)	dapr|astur, döpr|ust (Ö!), dapr|ast
hvass| (scharf)	hvass|ari	hvass|astur, hvöss|ust (Ö!), hvass|ast

Beachte: Aus sæl- + -ri *wird* sælli *und aus* hrein- + -ri *wird* hreinni.

Die erste Steigerungsstufe bleibt immer unverändert, außer in der Einzahl sächlich, da wird das letzte -i *zum* -a.

hreinna loft
hräittna loft
reinere Luft
reinere Luft

Loftið er hreinna á Íslandi.
lofteð är hräittna au iislande
Luft-die(s,Ez) ist reinere auf Island(3)
Die Luft ist sauberer in Island.

Hann er stærstur, en hún er fallegust.
hann är stairstür än hun är fattläGüst
er ist größter(m) aber sie ist schönste(w)
Er ist der Größte, sie ist die Schönste.

Þetta vatn er hreinast.
thäHta vaHtn är hräinast
dieses Wasser ist sauberstes
Dieses Wasser ist das sauberste.

Hier trennt sich Europa
von Amerika: Zerrspalte
bei Þingvellir

Vergleichen

Den Vergleich „so ... wie" bildet man mit eins ... og. Das Eigenschaftswort steht zwischen diesen Ausdrücken und richtet sich nach dem ersten Hauptwort, das verglichen wird:

Hún er eins dugleg og þú.
hun är äins düGläG oG thuu
Sie ist so klug wie du.

Der Vergleich mit „als" wird mit (heldur) en gebildet (heldur kann auch entfallen). Der Komparativ steht davor:

Þingvallavatn er dýpra (heldur) en Mývatn.
thingvattlavaHtn är diipra (häldür) än miivaHtn
Þingvallavatn ist tiefer als Mývatn.

Þingvallavatn *und* Mývatn *sind zwei Seen in Island.*

Die wichtigsten Eigenschaftswörter

Die wichtigsten Eigenschaftswörter haben oft unregelmäßige Formen. Nur für die unregelmäßigen Eigenschaftswörter sind alle drei Grundformen (m/w/s) angegeben.

	Grundstufe (m / w / s)	1. Stufe	2. Stufe (m)
alt	**gamall /** **gömul** (Ö!) **/** **gamalt**	**eldri**	**elstur**

	Grundstufe (m / w / s)	1. Stufe	2. Stufe (m)
klein (wenig)	lítill / lítil / lítið	minni	minnst|ur
groß (viel)	mikill / mikil / mikið	meiri	mest|ur
groß	stór	stærri	stærst|ur
gut	góður / góð / gott	betri	best|ur
hoch	há|r/ há / há|tt	hærri	hæst|ur
jung	ung|ur	yngri	yngst|ur
kurz	stutt|ur	styttri	styst|ur
lang	langur / löng (Ö!) / langt	lengri	lengst|ur
langsam	hæg|ur	hægari	hæg|astur
niedrig	lág|ur	lægri	lægst|ur
schlecht	slæm|ur	verri	verst|ur
schnell	hraður / hröð (Ö!) / hratt	hraðari	hrað|astur
schwer	þung|ur	þyngri	þyngst|ur
tief	djúp|ur	dýpri	dýpst|ur
viel	margur / mörg (Ö!) / margt	fleiri	flest|ur
voll	full|ur	fyllri	fyllst|ur
wenig	fá|r / fá / fá|tt	færri	fæst|ur

Ist bei der 2. Steigerungsform die männliche Endung -ur angegeben, sind die weibliche und sächliche Form in der Einzahl endungslos. Ist die männliche Endung -astur angegeben, werden die weibliche und sächliche regelmäßig gebildet. Ein Beispiel:

stærst|ur	der größte
stærst	die größte
stærst	das größte
hægast|ur	der langsamste
hægust	die langsamste
hægast	das langsamste

Farben

Im Folgenden werden nun die wichtigsten Farben in der Einzahl m/w/s angegeben:

weiß	**hvít|ur / hvít / hvít|t**
blau	**blá|r / blá / blá|tt**
gelb	**gul|ur / gul / gul|t**
braun	**brún|n / brún / brún|t**
rot	**rauð|ur / rauð / rau|tt**
grau	**grá|r / grá / grá|tt**
grün	**græn|n / græn / græn|t**
schwarz	**svart|ur / svört** (Ö!) **/ svar|t**

Umstandswörter

Um aus einem Eigenschaftswort ein Umstandswort zu machen, braucht man in den meisten Fällen die sächliche Form Einzahl:

Bíllinn fer hratt.
biittlenn fär hraHt
Auto-das fährt schnell(s,Ez)
Das Auto fährt schnell.

Eigenschaftswörter auf -legur bekommen die Endung -lega:

Hann er yndislegur maður og talar yndislega.
hann är endeslägür maðür oG taalar endesläGa
er ist wunderbarer Mensch und spricht wunderbar
Er ist ein netter Mensch, und er spricht sehr nett.

Unregelmäßige Umstandswörter sind:

Eigenschaftswort		Umstandswort	
góður	gut	**vel**	gut
gouður		väl	
slæmur	schlecht	**illa**	schlecht
slaimür		ittla	

Die Isländer lieben es, Wörter wie „zu, viel, sehr" usw. zu gebrauchen:

Þetta er of dýrt.
thäHta är of diirt
Das ist zu teuer.

Þetta er miklu betra.
thäHta är miHklü bäätra
Das ist viel besser.

Für „sehr" gibt es eine ganze Reihe oft gebrauchter Wörter: mjög, býsna, ofboðslega, voðalega, rosalega, óskaplega … :

Þessi Þjóðverji talar alveg rosalega góða íslensku!
thässe thjouðvärje talar alväG roosaläGa gouða iislänskü
dieser Deutsche spricht ganz sehr gutes Isländisch
Dieser Deutsche spricht verdammt gutes Isländisch!

©PR

▌Schaf mit blauer Ohrmarke, damit es im Herbst zum richtigen Bauern zurückkommt

Dieses & Jenes

Die hinweisenden Fürwörter kommen häufig vor. Sie richten sich wie Eigenschaftswörter nach dem dazugehörigen Hauptwort.

dieser / diese / dieses			
	männlich	**weiblich**	**sächlich**
Ez	þessi	þessi	þetta
	thässe	thässe	thäHta
Mz	þessir	þessar	þessi
	thässir	thässar	thässe

jener/jene/jenes			
	männlich	**weiblich**	**sächlich**
Ez	hinn	hin	hitt
	hen	hen	heHt
Mz	hinir	hinar	hin
	henir	henar	hen

„das hier" oder
„das da" heißt auch
þetta *oder* þetta hérna.

Ég ætla að fá þetta hérna.
jäG aiHtla að fau thäHta chjättna
ich möchte zu bekommen das hier
Ich möchte das hier.

Ég ætla að fá hitt.
jäG aiHtla að fau heHt
ich möchte zu bekommen jenes-andere
Ich möchte das andere.

Persönliche Fürwörter

Im Isländischen unterscheidet man auch in der Mehrzahl, ob „sie" männlich, weiblich, oder sächlich sind. Wenn mit „sie" Personen oder Gegenstände verschiedenen grammatischen Geschlechts gemeint sind, nimmt man stets þau (sie, s, Mz).

ég	(jäG)	ich
þú	(thu)	du
hann	(hann)	er
hún	(hun)	sie (Ez)
það	(thað)	es
við	(veð)	wir
þið	(theð)	ihr
þeir	(thäir)	sie (m, Mz)
þær	(thair)	sie (w, Mz)
þau	(thöi)	sie (s, Mz)

Man sagt generell þú (du). Es gibt zwar eine Höflichkeitsform, doch sie wird nicht mehr benutzt.

Bei „ich, du, er ... + eine andere Person" drücken sich die Isländer ganz anders aus als wir. Sie nehmen die Person in das Fürwort mit hinein, also:

við Jóna	Jóna und ich
þið Jóna	du und Jóna
þau Jóna	er und Jona (verschiedene Geschlechter!)
þær Jóna	sie und Jóna (zweimal w)
bíll okkar Jónu	das Auto von Jóna und mir

Wessen?, Wem? oder Wen?

Die gebeugten persönlichen Fürwörter werden in der Wort-für-Wort-Übersetzung mit der „Nummer" des betreffenden Falls gekennzeichnet.

Wen? (4. Fall)

mig	mich	**okkur**	uns
þig	dich	**ykkur**	euch
hann	ihn	**þá** (m)	
hana	sie	**þær** (w)	sie
það	es	**þau** (s)	

Wem? (3. Fall)

mér	mir	**okkur**	uns
þér	dir	**ykkur**	euch
honum	ihm	**þeim**	ihnen
henni	ihr		
því	ihm		

Wessen? (2. Fall)

mín	meiner	**okkar**	unser
þín	deiner	**ykkar**	euer
hans	seiner	**þeirra**	ihrer
hennar	ihrer		
þess	seines		

Besitzanzeigende Fürwörter

Das besitzanzeigende Fürwort steht immer hinter dem dazugehörigen Hauptwort und richtet sich nach diesem in Zahl und Geschlecht. Anders als im Deutschen muss das Hauptwort jedoch mit Artikel stehen.

minn / mín / mitt	mein
þinn / þín / þitt	dein
sinn / sín / sitt	sein/
hans / hennar / þess	ihr
okkar	unser
ykkar	euer
sinn / sín / sitt/ þeirra	ihr

Die Fürwörter minn, þinn, sinn (und ihre weiblichen und sächlichen Formen mín, mitt, usw.) werden mit dem Hauptwort gebeugt und erhalten Endungen, die dem Artikel gleichen.

Zu beachten ist, dass sie in der sächlichen Ez im Wer- und Wenfall -tt anstatt des zu erwartenden -ð erhalten. Außerdem wird das i vor einfachem Mitlaut zu í (mit Akzent).

Die Fürwörter hans / hennar / þess sowie okkar, ykkar, þeirra verändern sich nie.

Þetta eru pennar|nir mí|nir, bækur|nar mí|nar og blöð|in mí|n.
thäHta ärü pännartnir miinir baikürtnar miinar oG blöðen miin
das sind Stifte-die meine, Bücher-die meine und Blätter-die meine
Das sind meine Stifte, Bücher und Blätter.

Sinn/sín/sitt bedeuten immer „sein/ihr eige-
ne(s)", ansonsten braucht man die Formen
hans / hennar / þess / þeirra:

hans / hennar / þess / þeirra:

Hann skemmdi bílinn sinn.
hann skjämmde biilenn senn
er beschädigte Auto-das sein-eigenes
Er beschädigte sein (eigenes!) Auto.

Hún skemmdi bílinn hans / hennar.
hun skjämmde biilenn hans/hännar
sie beschädigte Auto-das sein/ihr
Sie beschädigte sein/ihr (nicht ihr eigenes!)
Auto.

■ Werbetafel für echt isländische Milchprodukte

Tätigkeitswörter

Wer bis hierher gekommen ist, den wundert es sicher nicht, dass die isländischen Verben ebenfalls einige Schwierigkeiten machen.

Grundform

Isländische Tätigkeitswörter bestehen aus einem Stamm und einer Endung. Die Endung der Grundform lautet fast immer -a oder -ja.

elsk|a	lieben	**hætt|a**	aufhören
set|ja	setzen	**ber|ja**	schlagen
vek|ja	wecken	**fá***	bekommen
far|a	gehen	**frjós|a**	gefrieren
vax|a	wachsen	**kom|a**	kommen

* -a nach á fällt weg, also nicht fá\|a!

Bei der Beugung wird die Grundformendung durch die Beugungsendung ersetzt. Achtung: Auch hier gelten die Ö-Regel und die Ausfallregel. Weiterhin unterscheidet das Isländische „starke" und „schwache" Verben: „starke" Verben verändern ihren Stamm in der Vergangenheit immer, „schwache" dagegen (fast) nie.

Gegenwart

Es gibt in der Gegenwart mehrere mögliche Beugungsendungen. Leider sieht man dem Verb nicht an, welche Endungen es annimmt. Im Anhang ist für die schwachen Verben je-

weils die Beugungsklasse „v1" bis „v5" ange-
geben. Starke Verben sind nicht besonders ge-
kennzeichnet, dafür aber ebenfalls im Anhang
mit ihren wichtigen Formen aufgelistet.

schwache Verben Einzahl

Die Verben werden in fünf Klassen v1 bis v5
eingeteilt. Um ein Verb zu beugen, trennt man
die Endung -a oder -ja ab und hängt die unten
angegebenen Endungen für die jeweilige Per-
son an. Dabei muss bei v5 noch unterschieden
werden, ob vor der Grundformendung -a / -ja
ein r, ein Selbstlaut oder keins von beiden steht:

	ég (ich)	þú (du)	hann (er)
v1	-a	-ar	-ar
v2, v3	-i	-ir	-ir
v4	-	-ur	-ur
v5 (auf -r)	-	-ð	-
v5 (auf Selbstl.)	-	-rð	-r
v5 (sonst)	-	-ur	-ur

Beugungsbeispiele schwache Verben Ez

v1	ég elsk|a	ich liebe
	þú elsk|ar	du liebst
	hann elsk|ar	er liebt

v2, v3	ég hætt|i	ich höre auf
	þú hætt|ir	du hörst auf
	hann hætt|ir	er hört auf

v4	**ég set**	ich stelle
	þú set|ur	du stellst
	hann set|ur	er stellt

v5 (auf **-r**)	**ég ber**	ich schlage
	þú ber|ð	du schlägst
	hann ber	er schlägt

v5 (sonst)	**ég vek|**	ich wecke
	þú vek|ur	du weckst
	hann vek|ur	er weckt

starke Verben Einzahl

	ég (ich)	**þú** (du)	**hann** (er)
Selbstl.	-	**-rð**	**-r**
-r	-	**-ð**	-
-s	-	**-t**	-
-n/-x	-	-	-
Mitlaut	-	**-ur**	**-ur**

Beugungsbeispiele starke Verben Ez

Stamm endet auf Selbstlaut: **fá** (bekommen)	
ég fæ	ich bekomme
þú fæ|rð	du bekommst
hann fæ|r	er bekommt

Hier wird in der Gegenwart das á der Grundform in den gebeugten Formen der Einzahl zu æ, ...

Stamm endet auf **-r**: **far|a** (gehen)	
ég fer	ich gehe
þú fer|ð	du gehst
hann fer	er geht

... und hier wird a zu e.

jó wird zu ý ...

Stamm endet auf **-s: frjós|a** gefrieren	
ég frýs	ich gefriere
þú frýs|t	du gefrierst
hann frýs	er gefriert

a wird wieder zu e ...

Stamm endet auf **-x: vax|a** wachsen	
ég vex	ich wachse
þú vex	du wächst
hún vex	sie wächst

... und hier wird o *zu* e.

Stamm endet auf Mitlaut: **kom|a** kommen	
ég kem	ich komme
þú kem|ur	du kommst
hún kem|ur	sie kommt

Wie sich der Stamm in der Ez der Gegenwart verändert, ist in der Liste der starken Verben im Anhang angegeben.

Unregelmäßige Formen in der Gegenwart Ez:

	ég ...	**þú ...**	**hann ...**
eiga besitzen	**á**	**átt**	**á**
kunna können	**kann**	**kannt**	**kann**
mega dürfen	**má**	**mátt**	**má**
muna erinnern	**man**	**manst**	**man**
skulu werden	**skal**	**skalt**	**skal**
vilja wollen	**vil**	**vilt**	**vill**
vita wissen	**veit**	**veist**	**veit**
þurfa müssen	**þarf**	**þarft**	**þarf**

starke und schwache Verben Mehrzahl

Die Beugungsendungen für die Mehrzahl „wir, ihr, sie" sind wie versprochen ganz einfach. Man nimmt die Grundform des Verbs (also nicht nur den Stamm!) und hängt anstelle des

letzten -a folgende Endungen an. Das gilt für
starke und schwache Verben, starke Verben ha-
ben wieder den Stamm der Grundform.

við (wir)	**-um** (Ö!)	
þið (ihr)	**-ið**	
þeir/þær/þau (sie)	**-a** (wie Grundform!)	

Beispiele

	við ...	þið ...	þeir ...
elsk|a lieben	**elsk|um**	**elsk|ið**	**elsk|a**
fá bekommen	**fá|um**	**fá|ið**	**fá**
set|ja setzen	**set|jum**	**set|jið**	**set|ja**
kom|a kommen	**kom|um**	**kom|ið**	**kom|a**

skil|ja	verstehen
við skil|j|um	wir verstehen
far|a	gehen
við för|um (Ö!)	wir gehen

Wenn in der Grundform -ja steht, erscheint das j in der Mz wieder.

Einzige Ausnahme ist skulu (werden):

við skulum	wir werden
þið skuluð	ihr werdet
þeir/þær/þau skulu	sie (m/w/s) werden

Vergangenheit

Wie im Deutschen gibt es auch im Isländi-
schen mehrere Vergangenheitsformen (im
Deutschen z. B. „ich sah, ich habe gesehen, ich
hatte gesehen").

Ich stelle für das Isländische nur die am häufigsten gebrauchte vor.

schwache Verben

Als Vergangenheitskennzeichen hängt man an den Stamm entweder -að- (für die Ez) und -uð- (für die Mz) an, oder man hängt für Ez und Mz immer nur -ð-, -d- oder -t- an. Ganz zum Schluss werden — für alle Verben dann wieder gleich — folgende Endungen angehängt:

Ez		Mz	
ég (ich)	-i	**við** (wir)	-um (Ö!)
þú (du)	-ir	**þið** (ihr)	-uð (Ö!)
hann (er)	-i	**þeir** (sie, m)	-u (Ö!)
hún (sie)	-i	**þær** (sie, w)	-u (Ö!)
það (es)	-i	**þau** (sie, s)	-u (Ö!)

In der folgenden Tabelle stehen wieder die Beugungsklassen („v1, v2" etc.). Alle schwachen Verben mit gleichem Kürzel werden in der Vergangenheit wie die entsprechenden folgenden gebeugt. Welcher der drei Laute gewählt wird, hängt vom Stammauslaut ab: nach s, p, k, t immer -t, nach l, m immer -d. Für alle anderen Auslaute, z. B. g, n, r, muss man die jeweilige Endung dazulernen, weswegen sie für alle Verben auch in der Wortliste angegeben wird.

elsk|a (v1)	heyr|a (v2)	seg|ja (v3)	skil|ja (v4)	kref|ja (v5)
lieben	hören	sagen	verstehen	fordern
elsk|að|i	heyr|ð|i	sag|ð|i	skil|d|i	kraf|ð|i
elsk|að|ir	heyr|ð|ir	sag|ð|ir	skil|d|ir	kraf|ð|ir
elsk|að|i	heyr|ð|i	sag|ð|i	skil|d|i	kraf|ð|i
elsk|uð|um	heyr|ð|um	sög|ð|um (Ö!)	skil|d|um	kröf|ð|um (Ö!)
elsk|uð|uð	heyr|ð|uð	sög|ð|uð (Ö!)	skil|d|uð	kröf|ð|uð (Ö!)
elsk|uð|u	heyr|ð|u	sög|ð|u (Ö!)	skil|d|u	kröf|ð|u (Ö!)

starke Verben

Starke Verben haben in der Vergangenheit jeweils einen Stamm für die Einzahl und einen zweiten für die Mehrzahl:

Grundform	Ez-Stamm	Mz-Stamm
fá bekommen	fékk	feng
far|a gehen	fór	fór
fljúg|a fliegen	flaug	flug
nem|a studieren	nam	nám
kom|a kommen	kom	kom

Auch diese Stämme sind in der Tabelle im Anhang angegeben.

An diese Stämme hängt man die Endungen aus der folgenden Tabelle an:

ég (ich)	-	við (wir)	-um (Ö!)
þú (du)	-st	þið (ihr)	-uð (Ö!)
hann (er)	-	þeir (sie, m)	-u (Ö!)

Beispiele	

ég fékk ich bekam	við feng|um wir bekamen
þú fékk|st (...)	þið feng|uð
hann fékk	þeir feng|u
ég fór ich ging	við fór|um wir gingen
þú fór|st	þið fór|uð
hann fór	þeir fór|u
ég flaug ich flog	við flug|um wir flogen
þú flaug|st	þið flug|uð
hann flaug	þeir flug|u

Sein & Haben

Wie versprochen stelle ich hier zwei Möglichkeiten vor, die verwirrende Vielfalt von Ausnahmen und Beugungsendungen zu umgehen:

vera (sein)

Für die erste Möglichkeit braucht man das ohnehin wichtige Verb „sein": að vera. Die Grundform der Verben wird mit að angegeben, das hier „zu" bedeutet: að vera = zu sein.

In den folgenden Tabellen steht für die 3. Person Ez und Mz („er, sie, es") nur das männliche persönliche Fürwort. Die Verbformen sind jedoch identisch für alle drei Geschlechter.

vera (sein)		
ég er	jäG är	ich bin
ég var	jäG var	ich war
þú ert	thu ärt	du bist
þú varst	thu varst	du warst
hann er	hann är	er ist
hann var	hann var	er war
við erum	veð ärüm	wir sind
við vorum	veð vorüm	wir waren
þið eruð	theð ärüð	ihr seid
þið voruð	theð vorüð	ihr wart
þeir eru	thäir ärü	sie sind
þeir voru	thäir vorü	sie waren

Wer vera beugen kann, braucht sich nur noch das passende Verb aus der Wortliste heraus-zusuchen und dieses mit að („zu") an das gebeugte vera anzuschließen. „vera að + Verb" bedeutet dann „dabei sein, etwas zu tun" und entspricht der englischen Verlaufsform (z. B. „I am reading."). Aber nicht in jedem Fall ist diese Form sinnvoll, z. B. nicht: „ich bin zu wissen" (wörtlich) für „ich weiß"!

Ég er að lesa.
jäG är að lääsa
ich bin zu lesen
Ich lese gerade.

Ég var að lesa.
jäG var að lääsa
ich war zu lesen
Ich war dabei zu lesen.

Hann er að koma.
hann är að kooma
er ist zu kommen
Er kommt gerade.

vera búinn (fertig sein)

Mit vera (sein) und dem Eigenschaftswort búinn (fertig) kann man auch die vollendete Vergangenheit bilden:

vera búinn að + Grundform des Verbs bedeutet: „etwas zu Ende getan haben".

Búinn (fertig) verändert sich in Geschlecht und Zahl, je nachdem ob ein Mann oder eine Frau spricht oder angesprochen wird, oder ob man von einem Mann oder einer Frau etc. spricht. Ist von Männern und Frauen die Rede, verwendet man die sächliche Form Mehrzahl.

In der Ez braucht man:
búinn (m), **búin** (w), **búið** (s)

In der Mz braucht man:
búnir (m), **búnar** (w), **búin** (s; m+w)

Beispiele:

Ég er búinn að lesa.
jäG är buuenn að lääsa
ich bin fertig(m) zu lesen
Ich (Mann!) habe gelesen.

Þú ert búin að skrifa.
thu ärt buuen að skreeva
du bist fertig(w) zu schreiben
Du (Frau!) hast geschrieben.

Þið eruð búnar að læra.

theð ärüð buunar að laira

ihr seid fertig(w,Mz) zu lernen

Ihr (nur Frauen!) habt gelernt.

Við erum búin að borða.

veð ärüm buuen að borða

wir sind fertig(s,Mz) zu essen

Wir (Mann & Frau!) haben gegessen.

Da jedoch die normale Beugung des Verbs ebenfalls sehr oft vorkommt, sollte man sich zumindest einmal ansehen, wie sie funktioniert.

▍▍Der Dettifoss im Nordosten Islands ist der wasserreichste Wasserfall Europas

haben, besitzen

Für „haben" gibt es mehrere gleich häufig verwendete Möglichkeiten: **eiga** bedeutet eher „haben" im Sinne von „besitzen". **vera með:** „etwas bei sich haben", mit etwas behaftet sein, z. B. Auto, Stift, Schnupfen … **hafa:** alles, was man nicht richtig besitzen kann, z. B. Zeit.

Ég á penna, en ég er ekki með hann núna.
jäG au pänna, än jäG är äHkje mäd hann nuna
ich besitze Stift, aber ich bin nicht mit ihm jetzt
Ich besitze einen Stift, habe ihn aber gerade nicht dabei.

Heyrðu, ég hef engan tíma núna.
häirðü, jäG häv äingan tiima(4) nuna
hör(!), ich habe keine(4) Zeit(4) jetzt
Hör (mal), ich habe jetzt keine Zeit.

hafa (haben)		
ég hef	jäG häv	ich habe
ég hafði	jäG hawðe	ich hatte
þú hefur	thu hävür	du hast
þú hafðir	thu hawðir	du hattest
hann hefur	hann hävür	er hat
hann hafði	hann hawðe	er hatte
við höfum (Ö!)	veð hövüm	wir hatten
við höfðum (Ö!)	veð höwðüm	wir haben
þið hafið	theð haveð	ihr habt
þið höfðuð (Ö!)	theð höwðüð	ihr hattet
þeir hafa	thäir haava	sie (m) haben
þeir höfðu (Ö!)	thäir höwðü	sie (m) hatten

Modalverben

Mit Hilfe der Modalverben wie „können, sollen, wollen, müssen" etc. kann man andere Verben „modifizieren". Der Vorteil ist hier ebenfalls, dass man nur die Modalverben beugen muss, das jeweilige Verb wird (meistens) in seiner Grundform mit að (zu) angeschlossen.

können

Die Isländer unterscheiden zwischen kunna að (können, gelernt haben) und geta (können, die Möglichkeit haben):

Ég kann að synda, en ég get það ekki núna.
jäG kann að senda, än jäG gjät það äHkje nuna
ich kann zu schwimmen,
aber ich kann es(4) nicht jetzt
Ich habe schwimmen gelernt,
habe jetzt aber nicht die Möglichkeit.

Við getum bæði heyrt og séð fossinn.
veð gjätüm baiðe häirt oG sjäð fossenn
wir können beides gehört und gesehen Wasserfall-den(4)
Wir können den Wasserfall hören und sehen.

Geturðu lánað mér þúsundkall?
gjätürðu launað mjär thusündkattl
kannst-du geliehen mir(3) Tausender(4)
Kannst du mir einen Tausender leihen?

dürfen

„dürfen" heißt mega und ist unregelmäßig in der Einzahl.

Þarna við ána megið þið tjalda.
thattna veð auna mäijeð theð tjalda
dort bei Fluss(4) dürft ihr zelten
Dort am Fluss dürft ihr zelten.

sollen

Für „sollen" sagt man eiga að ... (haben zu + Grundform des Verbs). Eiga (haben, besitzen) ist in der Einzahl Gegenwart unregelmäßig.

Þú átt að gera það.   **Þið eigið að koma.**
thu auHt að gjära það   theð äijeð að kooma
du hast zu tun es(4)   *ihr habt zu kommen*
Du sollst das tun.   Ihr sollt kommen.

müssen

Für „müssen" wird in der Umgangssprache am häufigsten verða að ... („werden zu", starkes Verb + Grundform des Verbs) gebraucht:

Við verðum að flýta okkur heim.
veð värðüm að fliita oHkür häim
wir werden zu beeilen uns(3) heim
Wir müssen uns beeilen,
nach Hause zu kommen.

wollen, möchten

Für „wollen, möchten" verwendet man am häufigsten ætla að … („möchte zu", v1 + Grundform des Verbs):

Ég ætla að fá góðan hest fyrir óvana.
jäG aiHtla að fau gouðan häst feerir ouvana
ich möchte zu bekommen gutes(4) Pferd(4) für Ungeübte(4)
Ich möchte ein gutes Pferd für Anfänger.

Auffordern & Befehlen

Von den schwachen Verben bildet man die Befehlsform, indem man von der Ich-Form Vergangenheit die Endung -i durch -u ersetzt. Hat sich der Stamm in der Vergangenheit geändert, wählt man wieder den ursprünglichen.

Grundform	Vergangenheit	Befehl!
kalla	**kallaði**	**kallaðu!**
rufen	ich rief	rufe!
skilja	**skildi**	**skildu!**
verstehen	ich verstand	verstehe!
missa	**missti**	**misstu!**
verlieren	ich verlor	verliere!
heyra	**heyrði**	**heyrðu!**
hören	ich hörte	hör (mal) …!
segja	**sagði**	**segðu!**
sagen	ich sagte	sage!
spyrja	**spurði**	**spyrðu!**
fragen	ich fragte	frage!

Bei starken Verben streicht man die Endungen -a, -ja oder -va von der Grundform ab und ersetzt sie durch folgende Endungen:

-tu nach **-k, -p, -t, -s:**
stökk|va (springen)
stökk|tu (spring!)

-du nach **-l, -m, -n:**
kom-a (kommen)
kom|du (komm!)

-ddu nach ausfallendem **-ð:**
bíð|a (warten)
bí|ddu (warte!)

---

sonst immer **-ðu:**
far|a (gehen)
far|ðu (geh!)
sof|a (schlafen)
sof|ðu (schlaf!)

Das isländische „sich" kann vielfältig einge-
setzt werden.

„sich selbst" / „einander" (-st)

Die unveränderliche rückbezügliche En-
dung -st, die an viele gebeugte Verben ange-
hängt werden kann, hat mehrere Aufgaben.
Sie kann die Bedeutung „sich selbst" oder
„einander" haben, z. B. kalla-st „sich nennen"
oder „einander rufen":

Mennirnir kallast á.
männettnir kattlast au
Männer-die rufen-sich an
Die Männer rufen einander.

Við meiddumst ekki.
veð mäiddümst äHkje
wir verletzten-sich nicht
Wir verletzten uns nicht.

neue Bedeutungen

Manche Verben erhalten durch die Endung -st
eine andere Bedeutung, z. B. taka (nehmen),
aber taka-st (gelingen):

Mér tókst að taka myndir af sólsetri.
mjär toukst að taaka mendir av soulsätre
mir(3) gelang zu nehmen Bilder(4) von Sonnenuntergang(3)
Mir gelang es, Fotos vom Sonnenuntergang zu machen.

rückbezügliches „sich" (sig, sér & sín)

Schließlich gibt es neben der Endung -st noch die rückbezüglichen Fürwörter sig, sér und sín. Welche dieser vier Möglichkeiten jeweils dem deutschen „sich" entspricht, muss man für jedes Verb einzeln lernen.

**Hann rakar sig og þvær sér,
því annars skammast hann sín.**
hann rakar seG oG thvair sjär, thvi annars
skammast hann siin
Er rasiert sich und wäscht sich,
denn sonst schämt er sich.

Das Isländische unterscheidet bei „sich" im Gegensatz zum Deutschen drei Fälle, was vor allem bei der Beugung wichtig ist. Die Grundformen heißen jeweils: þvo sér (sich waschen; sér ist Wemfall!), raka sig (sich rasieren; sig ist Wenfall!), skammast sín (sich (seiner) schämen; sín ist Wesfall!).

**Þú rakar þig og þværð þér,
því annars skammast þú þín.**
*du rasierst dich(4) und wäschst dir(3),
denn sonst schämst du deiner(2)*
Du rasierst dich und wäschst dich,
denn sonst schämst du dich.

Bindewörter

Die Bindewörter werden wie im Deutschen gebraucht.

en	aber, und
þegar (að)	als, sobald
nema	außer
þegar	bereits
með því að	dadurch dass
að	dass
annaðhvort ... eða	entweder ... oder ...
ef (að)	falls
eftir því að	nachdem
hvort	ob
þó að	obwohl
eða	oder
þannig að	so dass
heldur	sondern
til þess að	um zu
og	und
á meðan	während
af því að	weil, da
sem (að)	welche(r, -s)

Ef veðrið er sæmilegt, förum við upp á jökulinn.
äf väðreð är saimelächt, förum veð üHp au jökülenn
wenn Wetter-das ist gut, gehen wir hinauf auf Gletscher-den(4)
Wenn das Wetter gut ist, steigen wir auf den Gletscher.

Hann sagði að hann vildi hjálpa okkur.
hann saGðe að hann velde chjaulpa oHkür
er sagte dass er wollte helfen uns(3)
Er sagte, dass er uns helfen will.

Hvorugt.
kvorücht
keins-von-beiden
Weder noch.

Relativsätze, also Sätze nach dem Muster „der Mann, der (welcher) ...", „die Frauen, die (welche) ..." sind im Isländischen ganz einfach zu bilden: Statt des deutschen relativen Fürwortes „der, die, das" bzw. „welcher, welche, welches" usw. steht immer sem (að).

Das að (dass) wird auch hier immer gesprochen, aber nie geschrieben:

Bóndinn sem (að) hjálpaði okkur hét Helgi.
boundenn säm (að) chjaulpaðe oHkür chjät Hälgje
Bauer-der, der (dass) half uns(3), hieß Helgi
Der Bauer, der uns geholfen hat, hieß Helgi.

Verneinung

Das Verneinungswort heißt ekki (nicht, kein), es wird direkt vor das Wort gestellt, das verneint werden soll. Hauptwörter verneint man mit enginn/engin/ekkert (kein; m/w/s Ez):

Ég skamma ekki þig.
jäG skamma äHkje theG
ich tadle nicht dich(4)
Ich tadle nicht dich,
(sondern jemand anderen).

enginn bíll
äingjenn biittl
kein Auto
kein Auto

Ansonsten (in allgemeinen Feststellungen) kommt es oft ans Satzende; die Satzstellung ist wie im Deutschen:

Ég skamma þig ekki, heldur hana.
jäG skamma theG äHkje, häldür hana
ich tadle dich(4) nicht, sondern sie(4,Ez)
Ich tadle dich (doch) nicht, sondern sie.

Ég skil þig ekki.
jäG skel theG äHkje
ich verstehe dich(4) nicht
Ich verstehe dich nicht.

Wo ekki (nicht, kein) im einzelnen Fall steht, hängt oft vom Sprecher ab. Man bekommt mit der Zeit das Gefühl dafür, wenn man sich ein wenig mit der Sprache beschäftigt.

Besondere Verneinungen sind:

aldrei	aldräi	niemals
hvergi	kvärgje	nirgends
á engan hátt	au äingan hauHt	auf keine Weise
alls ekki	als äHkje	überhaupt nicht
enginn	äingjenn	keiner (m)
engin	äingjen	keine (w)
ekkert	äHkjärt	nichts

Die Formen von enginn (keiner) werden gebeugt; man kann sie aber gut ersetzen, z. B.: „keinen Fisch" = „nicht (einen) Fisch"

Ég borða ekki skemmdan fisk!
ich esse nicht verdorbenen(4) Fisch(4)
Ich esse keinen verdorbenen Fisch!

Verhältniswörter

Wie im Deutschen ziehen die Verhältniswörter auch im Isländischen einen oder – je nach Bedeutung – mehrere Fälle nach sich.

Allerdings ist die Sache halb so schlimm, weil man in der Regel auch mit einem „falschen Fall" verstanden wird.

Den Wesfall verlangen nach sich:	
til	nach, zu
milli	zwischen
án	ohne
vegna	wegen

án mín   **við förum til Reykjavíkur.**
aun miin   veð förüm tel Räjkjavikür
ohne meiner(2) *wir fahren nach Reykjavík(2)*
ohne mich   Wir fahren nach Reykjavík.

Den Wemfall verlangen nach sich:

í	in
úr	aus (etwas heraus), aus (z. B. Gold)
á	auf, an
yfir	über
á móti	gegen
undir	unter, während
hjá	bei
fyrir	für, wegen
að	zu/an etwas heran
eftir	nach, entlang
með	mit
nærri	nahe an
frá	von
fjarri	fern von

Den Wenfall verlangen nach sich:

í	in (hinein)
í gegnum	durch
á	an (heran), auf (hinauf)
yfir	über (hinweg)
um	um
undir	unter (hinunter), bis (räuml./zeitl.)
við	mit, bei, gegen

Die Wörter í, á, yfir und undir haben nach sich den 4. Fall, wenn eine Bewegung gemeint ist. Bei einer ruhenden Ortsangabe steht – wie im Deutschen – der 3. Fall.

Förum í tjaldið.	**Við erum í tjaldinu.**
förüm i tjaldeð	veð ärüm i tjaldenü
(wir-)gehen in Zelt-das(4)	*wir sind in Zelt-dem(3)*
Gehen wir in das Zelt.	Wir sind im Zelt.

Wortstellung

Die Wortstellung ist dem Deutschen sehr ähnlich, besonders was die Reihenfolge von Subjekt und Verb angeht.

Subjekt	Verb	Objekt	Zeitangabe
Við	**drekkum**	**kaffi**	**í kvöld.**
Wir	trinken	Kaffee	am Abend.

Zeitangabe	Verb	Subjekt	Objekt
Í kvöld	**drekkum**	**við**	**kaffi.**
Am Abend	trinken	wir	Kaffee.

Hauptwörter und persönliche Fürwörter (ich, du, er...) können als Subjekt stehen. Das Objekt ist die Satzergänzung, die im 2., 3. oder 4. Fall gebeugt werden kann, je nachdem, welcher Fall das Verb oder ein (zum Objekt gehörendes) Verhältniswort verlangt.

Eine Zeitangabe muss nicht immer stehen.

Ef þið labbið þangað, finnið þið veginn aftur.
äf theð labbeð thaungað, fenneð theð väijenn aftür
wenn ihr lauft dorthin, findet ihr Weg-den(4) wieder
Wenn ihr dorthin lauft, findet ihr den Weg
wieder.

Fragen

Hier wird zwischen Ergänzungsfragen und
Entscheidungsfragen unterschieden.

Ergänzungsfragen		
hver?	kvär	wer?
hvers?	kvärs	wessen?
hverjum?	kvärjüm	wem?
hvern?	kvärtn	wen?
hvað?	kvað	was?, wie?
hvaða? (m/w/s)	kvaða	was für ein(e), welche(r)?
hvernig?	kvättneG	auf welche Art und Weise?
hvar?	kvar	wo?
hvaðan?	kvaðan	von wo? woher?
hve mikið?	kve mekjeð	wie viel?
hvert?	kvärt	wohin?
hvenær?	kvänair	wann?
af hverju?	aav kvürjü	warum?

Hvert fer hann og hvenær?
kvärt fär hann oG hvänair
Wohin geht er und wann?

Hvað er þetta hús stórt?
kvað är thäHta huus stourt
was ist dieses Haus groß
Wie groß ist dieses Haus?

Entscheidungsfragen

Entscheidungsfragen, also Fragen, auf die man nur mit *já* (ja) oder *nei* (nein) antworten kann, bildet man wie im Deutschen durch Wortumstellung, und zwar, indem man das persönliche Fürwort und das Verb vertauscht:

Þú ert að skrifa.	**Ert þú að skrifa?**
thu ärt að skreeva	ärt thu að skreeva
du bist zu schreiben	*bist du zu schreiben*
Du schreibst.	Schreibst du?

Auf verneinte Fragen antwortet man anstelle von *já* (ja) mit *jú*, was „ja, doch" bedeutet.

Ert þú ekki að skrifa?	**Jú, ég er að skrifa.**
ärt thu äHkje að skreeva	juu, jäG är að skreeva
bist du nicht zu schreiben	*ja-doch, ich bin*
Schreibst du nicht?	*zu schreiben*
	Doch, ich schreibe.

Zahlen & Zählen

Bei den Zahlen von 1 bis 4 werden männliche, weibliche und sächliche Formen unterschieden. Zusammengesetzte Grundzahlen (z. B. 21, 22...) werden nach dem Muster „zwanzig und eins" etc. gebildet.

Grundzahlen

0	**núll**	null
1	**einn** (m)	äittn
	ein (w)	äin
	eitt (s)	äiHt
2	**tveir** (m)	tväir
	tvær (w)	tvair
	tvö (s)	tvö
3	**þrír** (m)	thriir
	þrjár (w)	thrjaur
	þrjú (s)	thrju
4	**fjórir** (m)	fjourir
	fjórar (w)	fjourar
	fjögur (s)	fjöGür
5	**fimm**	femm
6	**sex**	sächs
7	**sjö**	sjö
8	**átta**	auHta
9	**níu**	niiü
10	**tíu**	(tiiü)

11	**ellefu**	(ättlavü)
12	**tólf**	(toulf)
13	**þrettán**	(thräHtaun)
14	**fjórtán**	(fjourtaun)
15	**fimmtán**	(femtaun)
16	**sextán**	(sächstaun)
17	**sautján**	(söjtjaun)
18	**átján**	(autjaun)
19	**nítján**	(nitjaun)
20	**tuttugu**	(tüHtüGü)
21	**tuttugu og einn...**	
22	**tuttugu og tveir...**	
30	**þrjátíu**	(thrjautiü)
40	**fjörutíu**	(fjörütiü)
50	**fimmtíu**	(femtiü)
60	**sextíu**	(sächstiü)
70	**sjötíu**	(sjötiü)
80	**áttatíu**	(auHtatiü)
90	**níutíu**	(nitiü)
100	**hundrað**	(hündrað)
100	**hundrað og einn...**	
200	**tvö hundruð**	
300	**þrjú hundruð**	
1000	**þúsund**	(thuusünd)
2000	**tvö þúsund**	usw.
1 Million	**ein miljón**	(äin miljoun)
2 Millionen	**tvær miljónir**	(tvair miljounir)
1 Milliarde	**einn miljarður**	(äittn meljarðür)
2 Milliarden	**tveir miljarðar**	(tväir meljarðar)

Zählen

Beim Zählen verwendet man immer die männlichen Formen, bei der Angabe der Uhrzeit die sächlichen.

einn maður	*ein(m) Mann*	ein Mann
ein kona	*eine(w) Frau*	eine Frau
eitt barn	*ein(s) Kind*	ein Kind

Nach Grundzahlen wird das gezählte Hauptwort manchmal im 2. Fall gebeugt:

Tíu manns slösuðust í snjóflóði í gær.
zehn Mannes(2) verletzten-sich in Schneeflut(3) gestern
Zehn Menschen wurden gestern durch eine Lawine verletzt.

Tveir (zwei), þrír (drei) und fjórir (vier) können gebeugt werden und und richten sich wie Eigenschaftswörter nach dem dazugehörigen Hauptwort. Wichtig ist vor allem der 2. Fall:

tveggja	*zwei(2)*
þriggja	*drei(2)*
fjögurra	*vier(2)*

Átt þú þriggja manna herbergi?
auHt thu threggja manna härbärgje
hast du dreier(2) Menschen(2) Zimmer
Haben Sie ein Zimmer für drei Personen?

tveggja vikna ferð
tväggja veHkna färð
zweier(2) Wochen(2) Reise
eine zweiwöchige Reise

Ordnungszahlen

Die Ordnungszahlen („erster, zweiter ...") werden gebildet, indem man die Endung -di an die Grundzahl anhängt. Ausnahme bilden die Ordnungszahlen 1. bis 6. sowie 11. und 12.

Ab 3. werden auch die weiblichen und sächlichen Formen regelmäßig gebildet, indem man die Endung -i durch -a (w, s) ersetzt (Beugung also wie schwache Eigenschaftswörter).

1.	**fyrsti** (ferste)
2.	**annar** (m) (annar), **önnur** (w) (önnür), **annað** (s) (annað)
3.	**þriðji** (threðje)
4.	**fjórði** (fjourðe)
5.	**fimmti** (femte)
6.	**sjötti** (sjöHte)
7.	**sjöundi** (sjöünde)
8.	**áttundi** (auHtünde)
9.	**níundi** (niiünde)
10.	**tíundi** (tiiünde)
11.	**ellefti** (ättläfte)
12.	**tólfti** (toulfte)
13.	**þrettándi** (thräHtaunde)
14.	**fjórtándi** (fjourtaunde)
20.	**tuttugasti** (tüHtüGaste)

21.	**tuttugasti og fyrsti**
30.	**þrítugasti** (thritüGaste)
40.	**fertugasti** (färtüGaste)
50.	**fimmtugasti** (femtüGaste)...

Ab 50. wird die Endung -tíu der Grundzahl durch -tugasti (m) bzw. durch -tugasta (w, s) ersetzt. Bei 100. und 1000. wird an die Grundzahl die Endung -asti (m) bzw. -asta (w, s) angehängt:

| 100. | **hundraðasti** (hündraðaste) |
| 1000. | **þúsundasti** (thusündaste) |

Lebensalter

Bei der Angabe des Lebensalters stehen die letzte 1, 2, 3 bzw. 4 und Jahr ár im 2. Fall: ein Jahr alt = eins árs, 23 Jahre = tuttugu og þriggja ára. Geht es um die Zehner, in denen jemand ist, gibt man immer den nächsten vollen an (was sich für uns immer schrecklich alt anhört): ca. 15 - 19 Jahre á tvítugsaldri; ca. 25 - 30 á þrítugsaldri; auf die 40 / 50 / 60 / 70 zugehen: á fertugs- / fimmtugs- / sextugs- / sjötugsaldri; 40 / 50 / 60 / 70 Jahre erreicht haben (und etw. drüber sein) fertug|ur / fimmtug|ur / sextug|ur / sjötug|ur.

Ab dann wechselt Isländisch den Ausdruck: 80 / 90 Jahre erreicht haben áttræð|ur / níræð|ur (die weibliche Form lässt -ur wie üblich immer weg).

Zeit & Datum

Es wird meist (auch offiziell) das 12-Stunden-System verwendet.

yfir	nach
í	vor
korter	viertel
hálf-	halb

Klukkan hvað?
klüHkan kvað
Uhr-die was
Um wieviel Uhr?

Klukkan sjö.
klüHkan sjö
Uhr-die sieben
Um sieben Uhr.

Hvað er klukkan?
kvað är klüHkan
was ist Uhr-die
Wie spät ist es?

Klukkan er sjö.
klüHkan är sjö
Uhr-die ist sieben
Es ist sieben Uhr.

korter yfir þrjú
kortär eevir thrju
viertel nach drei

hálfsjö
haulwsjö
halb sieben

allgemeine Zeitangaben

í fyrradag	i ferradaG	vorgestern
í gær	i gjair	gestern
í dag	i daG	heute
í morgun	i morgün	heute morgen, vormittags

um hádegi	üm haudäije	heute mittag, mittags
eftir hádegi	äftir haudäije	heute nachmittag, nachmittags
í kvöld	i kvöld	heute abend, abends
í nótt	i nouHt	heute nacht, in der Nacht
á morgun	au morgün	morgen
í fyrramálið	i ferramauleð	morgen früh
annað kvöld	annað kvöld	morgen abend
hinn daginn	henn daijenn	übermorgen
um daginn	üm daijenn	neulich
í fyrra	i ferra	voriges Jahr
að ári	að aure	nächstes Jahr
strax	strachs	sofort
alltaf	altav	immer
oft	oft	oft
sjaldan	sjaldan	selten
aldrei	aldräi	nie

eftir + 4. Fall: „in ...":

eftir tvær vikur
nach zwei(4) Wochen(4)
in zwei Wochen

fyrir + 3. Fall: „vor ...":

fyrir sex dögum
vor sechs(3) Tagen(3)
vor sechs Tagen

í + 4. Fall: „... lang":

í þrjár vikur
in drei(4) Wochen(4)
drei Wochen lang

síðast|i (-a, -a)	vergangene(r) ...
næst|i (-a, -a)	nächste(r) ...

síðasta haust og næsta sumar
letzten Herbst und nächsten Sommer
letzten Herbst und nächsten Sommer

Wochentage

Die Wochentage werden wie die männlichen Hauptwörter der m2-Klasse gebeugt.

mánudag|ur	Montag
þriðjudag|ur	Dienstag
miðvikudag|ur	Mittwoch
fimmtudag|ur	Donnerstag
föstudag|ur	Freitag
laugardag|ur	Samstag
sunnudag|ur	Sonntag
helgidag|ur	Feiertag

á mánudaginn (kemur / var)
an Montag-den(4) (kommt / war)
am (nächsten/letzten) Montag

Monate

Die Monatsnamen sind männlich, aber immer endungslos. Da sie sich fast genauso wie im Deutschen anhören, braucht man sie wohl nicht zu übersetzen:

janúar	júlí
febrúar	ágúst
mars	september
apríl	október
maí	nóvember
júní	desember

Datum

Mánudaginn fjórða janúar
Montag-den(4) vierten(4,m) Januar
Montag, den 4. Januar

þann fimmta september
den fünften(4,m) September
am 5. September

áttatíu og sjö **87**

©PR

Die edlen isländischen Rösser kamen mit den ersten Siedlern auf die Insel

Kurz-Knigge

Island ist natürlich nicht so „exotisch", dass man sich auf vollkommen andere Sitten und Gebräuche einstellen muss. Dennoch ein paar hilfreiche Hinweise:

Die **allgemeine Anrede** der Isländer untereinander ist „du". Auch der Fremde wird so angeredet. Es drückt isländische Lebensweise aus: ohne Umschweife, direkt - aber dennoch immer im Rahmen einer gewissen, nie übertriebenen Höflichkeit.

Takk fyrir! (Vielen Dank!) sagt man häufiger als in Deutschland! Man kann das Verhalten der Isländer – je entfernter von größeren Ansiedlungen, desto mehr – als rau, aber herzlich bezeichnen.

Sie üben große **Toleranz** Kindern, Lärm, anderen Meinungen usw. gegenüber, rühmen die „deutsche Pünktlichkeit", sehen diese aber gern etwas lockerer.

Auf **gepflegte Erscheinung** aber legen die Isländer großen Wert. Es lohnt sich durchaus, auch als Rucksacktourist wenigstens eine saubere Garnitur dabeizuhaben, wenn man sich länger in der Stadt aufhält. Aus Gesprächen weiß ich, dass man sich an allzu „wilden" Erscheinungen ziemlich stört, besonders in Geschäften und Banken. Auch daran, wenn man bestimmten Aufforderungen, wie beim Betreten des Hauses die Schuhe auszuziehen, nicht nachkommt.

Mit Isländern in **persönlichen Kontakt** zu kommen, ist anfangs nicht einfach. Je besser man die Sprache spricht, um so weiter öffnen sich allerdings auch die Türen, und man kann dann oft ein ganz anderes Island, sozusagen „von innen", erleben.

Einladungen ins Restaurant sind kaum üblich, eher schon auf einen Kaffee nach Hause. Da Alkohol sehr teuer ist, freuen sich manche Gastgeber durchaus über einen guten Tropfen – allerdings ist ein Teil der Isländer streng abstinent!

Das beste und einfachste ist: **natürlich und höflich auftreten,** ohne Scheu, etwas Gespür für die Art und Weise der Leute – dann kommt man in Island am besten zurecht.

Die isländische Namensgebung

Die Isländer machen es heute noch wie vor 1000 Jahren: Der Name besteht aus dem Vornamen (fornafn), selten aus einem Familiennamen (ættarnafn), aber immer zusammmen mit dem Vaternamen (föðurnafn). D. h. bei den Männern wird an den Vornamen des Vaters -son, bei Frauen -dóttir angehängt.

So heißt z. B. Marta, die Tochter von Páll: Marta Pálsdóttir, oder Hreggviður, Sohn von Þorleifur: Hreggviður Þorleifsson.

Die Beugung von Namen ist ein ganz eigenes, schwieriges Kapitel. Ich möchte dazu nur sagen, dass Frauennamen auf -a (wie Anna, Marta, Barbara) wie ein schwaches weibliches Hauptwort („w2", z. B. króna) behandelt werden und sich dementsprechend als Önnu, Mörtu, Barböru wiederfinden können ...

Man sollte beachten, dass bei Kartenvorbestellungen usw. oft nur nach dem Vornamen gefragt wird. Verzeichnisse aller Art, wie z. B. das Telefonbuch, sind nach dem Vornamen geordnet.

Die Straßennamen eines Stadtbezirkes haben meist dieselbe Grundbezeichnung, nach der der ganze Bezirk benannt wird. So gibt es z. B. im Stadtbezirk Reykjavík-Stekkir die Straßen Fremristekkur, Urðarstekkur, Hamrastekkur, Hólastekkur, Geitastekkur. Straßennamen stehen in Adressen im 3. Fall, der Ortsname (meist) im 1. Fall z. B.:

Leifur Bergþórsson,
Álfhólsvegi 5,
220 Hafnarfjörður.

(Hier ist -vegi der 3. Fall von -vegur „Straße, Weg").

Anrede

In Island redet man sich immer mit dem Vornamen an und duzt sich, auch wenn man nicht näher bekannt ist.

Góðan daginn, ert þú Páll?
gouðan daijenn, ärt thu pauttl
Guten Tag, bist du Paul?

Ríkharður heiti ég.
Rikharðür häite jäG
Richard heiße ich.

Ein daran anschließendes Gespräch kann man beginnen mit:

Heyrðu, ...
häirðü, ...
hör-du, ...
Hör mal, ...

Wenn man jemanden nicht kennt, auch seinen Vornamen nicht weiß, wendet man sich an ihn, indem man sich vorstellt. Etwas weniger höflich ist es, das Gespräch sofort mit Heyrðu ... zu beginnen.

Begrüßen & Verabschieden

Im Isländischen gibt es diverse Begrüßungsformeln:

begrüßen

🎵 **Góðan daginn.**
gouðan daijenn
guten(4) Tag-den(4)
Guten Morgen/Tag.

🎵 **Gott kvöld.**
goHt kvöld
guten(4) Abend(4)
Guten Abend.

🎵 **Góða nótt.**
gouða nouHt
gute(4) Nacht(4)
Gute Nacht.

Mit einem Smartphone können Sie sich die mit einem 🎵 gekennzeichneten Sätze dieses Kapitels anhören. Scannen Sie einfach den QR-Code mit Hilfe einer kostenlosen App (z. B. „Barcoo" oder „Scanlife").

Bekannte grüßt man mit hæ! Darüber hinaus sagt man oft (zu einem Mann und einer Frau unterschiedlich):

🎵 **Sæll og blessaður!**
saittl oG blässaður
glücklicher(m) und gesegneter(m)
Grüß dich! (zum Mann)

🎵 **Sæl og blessuð!**
sail oG blässüð
glückliche(w) und gesegnete(w)
Grüß dich! (zur Frau)

Eine Gruppe von Männern bzw. Frauen grüßt
man mit:

Sælir og blessaðir!
sailir oG blässaðir
glückliche(m,Mz)
und gesegnete(m,Mz)
Seid gegrüßt!

Sælar og blessaðar!
sailar oG blässaðar
glückliche(w,Mz)
und gesegnete(w,Mz)
Seid gegrüßt!

Eine gemischte Gruppe von Männern und
Frauen grüßt man wieder:

Sæl og blessuð!
sail oG blässüð
glückliche(s,Mz)
und gesegnete(s,Mz)

Hvað segir þú?
kvað säijir thuu
was sagst du
Wie geht's?

Allt gott, takk fyrir.
allt goHt, taHk feerir
alles gut, danke dafür
Danke, gut.

Já, svona, svona.
jau, svona, svona
ja, so, so
Nicht besonders.

Mér líður illa.
mjär liðür ittla
mir(3) geht schlecht
Mir geht's schlecht.

Hvað er að?
kvað är aað
was ist zu
Was ist los?

verabschieden

Möchte man sich nach einer Einladung ver-
abschieden, kann man dies einleiten mit:

♪ Ég verð að fara núna.
jäG värð að faara nuna
ich werde zu gehen jetzt
Ich muss jetzt gehen.

♪ Gaman að sjá þig.
gaman að sjau theG
Freude zu sehen dich(4)
Es war nett, dich zu sehen.

♪ Sjáumst við aftur?
sjauümst veð aftür
sehen-sich wir wieder
Sehen wir uns wieder?

♪ Sjáumst.
sjauümst
(wir-)sehen-sich
Wir sehen uns.

Man bedankt sich für den Abend und erhält
als Antwort:

♪ Takk fyrir í dag/í kvöld
taHk feerir i daaG/i kvöld
Danke für heute/den Abend.

♪ Takk, sömuleiðis!
taHk, sömüläiðes
Danke, gleichfalls!

♪ Bless!
bläss
Auf Wiedersehen!

Sieht man sich am nächsten Tag oder noch spä-
ter wieder, bedankt man sich ein zweites Mal:

♪ Takk fyrir í gær/síðast.
taHk feerir i gjair/siiðast
Danke für den gestrigen Abend/
das letzte Beisammensein.

Das erste Gespräch

Ein erstes Gespräch könnte etwa wie folgt verlaufen:

Mit einem Smartphone können Sie sich die mit einem 🎵 gekennzeichneten Sätze dieses Kapitels anhören.

🎵 **Hvað heitir þú?**
kvað häitir thu
Wie heißt du?

🎵 **Ég heiti Bernd.**
jäG häite Bernd
Ich heiße Bernd.

🎵 **Hvaðan ert þú?**
kvaðan ärt thu
Woher bist du?

🎵 **Ég er frá Þýskalandi.**
jäG är frau thiskalande
ich bin aus Deutschland(3)
Ich bin aus Deutschland.

🎵 **Ég er frá Austurríki.**
jäG är frau öjstürriike
ich bin aus Österreich(3)
Ich bin aus Österreich.

🎵 **Ég er frá Sviss.**
jäG är frau svess
ich bin aus Schweiz(3)
Ich bin aus der Schweiz.

Es ist üblich, Häusern einen Namen zu geben und es ist ein typisches Vorgehen, einem Teil dieses Gebäudes (in dem Fall dem Festsaal) einen verkleinerten Namensbestandteil des Gebäudenamens zu geben.

©PR

Lokal „Bachufer", Speisesaal „Kleines Ufer"

🎵 **Hvað ert þú búinn / búin að vera hér lengi?**
kvað ärt thu buuen / buuen að vära hjär läingje
was bist du fertig(m/w) zu sein hier lange
Wie lange bist du schon hier?

🎵 **Hvar býrð þú?**
kvar biirð thu
wo wohnst du
Wo wohnst du?

🎵 **Ég bý hjá Ásgeiri/
í Breiðholti.**
jäG bii chjau ausgjäire/
i bräiðholte
*ich wohne bei Ásgeir(3)/
in Breiðholt(3)*
Ich wohne bei Ásgeir/in Breiðholt.

🎵 **Hvað ert þú gamall?**
kvað ärt thu gamatll
was bist du alt(m)
Wie alt bist du (m)?

🎵 **Ég er tuttugu og sjö ára gamall.**
jäG är tüHtüGü oG sjö aura gamatll
ich bin zwanzig und sieben Jahre(2) alt(m)
Ich (m) bin siebenundzwanzig Jahre alt.

🎵 **Hvað ert þú gömul?**
kvað ärt thu gömül
was bist du alt(w)
Wie alt bist du (w)?

🎵 **Ég er tuttugu og sjö ára gömul.**
jäG är tüHtüGü oG sjö aura gömül
ich bin zwanzig und sieben Jahre(2) alt(w)
Ich (w) bin siebenundzwanzig Jahre alt.

🎵 **Ert þú kvæntur/gift?**
ärt thu kvaintür/gjift
bist du verheiratet(m/w)
Bist du verheiratet?

🎵 **Átt þú börn?**
auHt thu börtn
hast du Kinder
Hast du Kinder?

🎵 **Hvað gerir þú?**
kvað gjärir thu
was arbeitest du
Was arbeitest du?

*Bei der Angabe der
Berufsbezeichnung
werden männliche
und weibliche Formen
nicht unterschieden!*

🔊 Ég er ... jäG är ...	Ich bin ...
á eftirlaunum au äftirlöjnüm	Rentner
iðnaðarmaður (m) eðnaðarmaður	Handwerker(in)
kennari (m1) kjännare	Lehrer
nemi (m1) näme	Schüler(in) / Student(in)
skiptinemi (m1) skjeftenäme	Austausch- schüler(in)
skrifstofumaður (m) skrevstovümaður	Angestellte(r)
verkamaður (m) värkamaður	Arbeiter(in)
verkfræðingur (m2) värkfraiðing-gür	Ingenieur(in)
verslunarmaður (m) värslünarmaður	Geschäftsmann (-frau)

🔊 **Hvernig finnst þér Ísland?**
kvättneG fennst thjär iisland
wie gefällt dir(3) Island
Wie gefällt dir Island?

🔊 **Alveg æðislegt, en veðrið gæti verið betra!**
alväG aiðeslächt, än väðreð gjaite väreð bäätra
*ganz wahnsinnig, aber Wetter-das könnte
gewesen(s) besser*
Einfach sagenhaft, nur das Wetter
könnte besser sein!

Bitten, Danken, Wünschen

Die Isländer bedanken sich viel, gern und oft, und man sollte da als Besucher oder Gast nicht nachstehen. Wenn man z. B. eingeladen wird, sagt der Gastgeber oft:

🎵 **Komdu inn, gakktu í bæinn!**
kondü enn, gachtü i baijenn
komm(!) herein, geh(!) in Bauernhof-den(4)
Komm doch herein!

Darauf sagt man ganz einfach das, was immer passt, nämlich:

Mit einem Smart-phone können Sie sich die mit einem 🎵 gekennzeichneten Sätze dieses Kapitels anhören.

🎵 **Takk fyrir.**
taHk feerir
Danke dafür.

🎵 **Vilt þú kaffi eða te?**
viltü kaffe äða tää
Willst du Kaffee oder Tee?

🎵 **Kaffi, takk.**
kaffe, taHk
Kaffee, bitte.

Te, takk.
tää, taHk
Tee, bitte.

Man sagt hier also statt des deutschen „bitte" eigentlich auch schon „danke".

Beim Einschenken oder bei fast allen Gelegenheiten, bei denen man im Deutschen „bitte" sagt, sagt der Isländer:

🎵 **Gerðu svo vel!**
gjärðü svo väl
Bitteschön!

Fragt der Gastgeber:

🕯 **Vilt þú meira kaffi/te/köku?**
vilt thu mäira kaffe/tää/kökü
Willst du mehr Kaffee/Tee/Kuchen?

… ist es am höflichsten und nettesten zu antworten:

Nur já *oder* nei *zu* 🕯 **Já, takk.** oder: 🕯 **Nei, takk.**
sagen, ist ziemlich jau, taHk näi, taHk
unhöflich. Ja, danke. Nein, danke.

Nach dem Kaffee oder Essen bedankt man sich und erhält als Antwort:

🕯 **Takk fyrir kaffið/matinn.**
taHk feerir kaffeð/matenn
danke für Kaffee-den(4)/Essen-das(4)
Danke für den Kaffee/das Essen.

🕯 **Verði þér að góðu!**
värðe thjär að gouðü
werde dir zu guten(3)
Wohl bekomm's!

weitere Dankesformeln

Wenn man sich bedankt, sagt man meistens auch gleich dazu, wofür man sich bedankt: Wurde einem z. B. geholfen oder etwas geliehen, sagt man:

🔊 **Takk fyrir hjálpina/lánið.**
taHk feerir chjaulpena/launeð
danke für Hilfe-die(4)/Leihe-die(4)
Danke für die Hilfe/fürs Leihen.

Der folgende Dank passt zu jeder Gelegenheit:

🔊 **Ég þakka þér kærlega fyrir.**
jäG thaHka thjär kjairtläGa feerir
ich danke dir(3) herzlich für
Ich danke dir herzlich dafür.

Als Antwort hört man meist:

Það var lítið/ekkert.
thað var liiteð/äHkärt
es war wenig/nichts
Nicht der Rede wert. / Keine Ursache.

wünschen

Eine „neutrale" Glückwunschformel, die immer passt, ist:

🔊 **Til hamingju!**
tel hamingjü
zum Glück(2)
Herzlichen Glückwunsch!

🔊 **Gangi þér vel!**
gaung-gji thjär väl
gehe-es dir(3) gut
Viel Glück!

Weitere wichtige Wunschformeln, die man kennen sollte:

🔊 **Gleðileg jól!**
gläðeläG joul
fröhliche(4) Weihnachten(4)
Fröhliche Weihnachten!

🔊 **Gleðilega hátíð!**
gläðeläGa hautiið
fröhliches(4) Fest(4)
Fröhliches Fest!
(Ostern/Pfingsten)

Gleðilegt nýtt ár og takk fyrir það gamla!
gläðelächt niHt aur oG taHk feerir thað gamla
gutes(4) neues(4) Jahr(4) und danke für das(4) alte(4)
Gutes neues Jahr und danke für das alte!

Gleðilegt sumar og takk fyrir veturinn!
gläðelächt sümar oG taHk feerir vätürenn
fröhlichen(4) Sommer(4) und danke für Winter-den(4)
Fröhlichen Sommer und danke für den Winter!

Zu Gast sein

Mitbringsel können je nach Situation, Geschmack und Bekannheitsgrad ausfallen, Tabus gibt es nicht. Außerdem sollte man daran denken, dass die Isländer bei näherer Bekanntschaft sehr gastfreundlich sind und man diese Gastfreundschaft auch akzeptieren sollte, ohne gleich „zurückzahlen" zu wollen. Dies kann man auch auf eine spätere Gelegenheit schieben. Alkohol sollte man nicht ohne weiteres verschenken, da manche Isländer strenge Abstinenzler sind.

Má bjóða þér í mat/kaffi?
mau bjouða thjär i mat/i kaffe
darf einladen dir(3) in Essen(4)/in Kaffee(4)
Darf ich dich zum Essen/Kaffee einladen?

Takk fyrir, ég þigg það.
taHk feerir, jäG thegg thað
danke dafür ich annehme das
Danke ja, gerne.

Þetta er handa þér.   Skál!
thäHta är handa thjär   skaul
das ist für dir(3)   Schale
Das ist für dich.   Prost!

Neben deftiger
Hausmannskost
hat die isländische
Küche auch allerlei
Exotisches zu bieten

©PR

Unterwegs

In Island unterwegs...

Bær bezeichnet vom Einödhof bis zu Reykjavík jede Art von Ansiedlung. Mit borg werden nur Großstädte bezeichnet, Reykjavík wird gerne nur borgin – „die Stadt" – genannt. Das Zentrum einer Ansiedlung heißt miðbær oder miðborg.

Afsakaðu, hvar er ...?
avsakaðü, kvar är ...
Entschuldige, wo ist ...?

Hvernig kemst ég til ...? (+ 2. Fall)
kvättneG kjämst jäG tel ...
Wie komme ich zu/nach ...?

útisundlaug (**-ar** w3)	Freibad
bíó (s2)	Kino
kirkj|a (w1)	Kirche
háskól|i (m1)	Universität
safn (**söfn** s2)	Museum
ráðhús (s2)	Rathaus
leikhús (s2)	Theater

Hvað er hér merkilegt að sjá?
kvað är chjär märkjelächt að sjau
Was ist hier Interessantes zu sehen?

Farðu ...	farðü ...	Fahre/gehe ...
til vinstri	tel venstre	nach links
til hægri	tel haiGre	nach rechts
beint áfram	bäint auffram	geradeaus
til baka	tel baka	zurück
fyrst / svo	ferst / svo	zuerst / dann

Jegliche Art von Fortbewegung, zu Fuß oder mit einem Verkehrsmittel, heißt immer að fara.

In den folgenden Wortlisten stehen in Klammern unregelmäßige Mehrzahlformen sowie die Beugungsklasse.

gat|a (**götur** Ö! w1)	Straße (Stadt)
gatnamót (Mz s2)	Kreuzung
umferðaljós (s2)	Ampel
Hringveg|ur (m2)	Ringstraße um Island (Nr. 1)
þjóðveg|ur (m2)	Hauptstraße (einstellige Nr.)
veg|ur (**-ir** m2)	Weg, Straße (mehrstellige Nr.)
fjallveg|ur (**-ir** m2)	Gebirgsweg

🗊 **Hvað er langt til hverasvæðisins?**
kvaðͅ är laungt tel kväraswaiðesens
was ist weit zu/nach Heißquellengebiet-des(2)
Wie weit ist es zum Heißquellengebiet?

🗊 **Það er (ekki) langt.**
thað är (äHkje) laungt
Es ist (nicht) weit.

Um það bil ... kílómetrar.
üm thað beel ... kjiloumätrar
Um den Dreh ... Kilometer.

Die offiziellen Straßennummern sind auf jeder Karte zu finden und sagen implizit etwas über deren Güte und Befahrbarkeit (vor allem Nichtbefahrbarkeit) aus.

mit dem Bus

Im Stadtbus werden keine Karten verkauft, sondern man gibt das abgezählte Geld beim Einstieg ab. Es ist nicht möglich, Wechselgeld zu erhalten!

Das Überlandbussystem ist ziemlich gut ausgebaut. Informationen darüber und die verschiedenen Arten von Karten sowie Ermäßigungen usw. gibt es in größeren Orten in der umferðamiðstöð, dem Busbahnhof. In kleineren Orten oder entlang der Ringstraße sind Hotels und Tankstellen Anlaufstationen und Infostellen für Busfahrten.

Ferðaáætlun (w5)	Fahrplan	
Sumaráætlun (w5)	Sommerfahrplan	
Vetraráætlun (w5)	Winterfahrplan	

Hvaða strætó/rúta fer til ...?
(+ 2. Fall)
kvaða straitou/ruuta fär tel ...
Welcher Stadtbus/Überlandbus geht zu/nach ...?

Hvenær og hvaðan fer rútan til ...?
(+ 2. Fall)
kvänair oG kvaðan fär ruutan tel ...
wann und von-wo fährt Bus-der zu/nach ...
Wann und von wo geht der Bus zu/nach ... ab?

Hvað kostar ferð til ...? (+ 2. Fall)
kvað kostar färð tel ...
Was kostet (eine) Fahrt zu/nach ...?

🎵 **Ég ætla að fá einn/tvo/þrjá miða til ...** (+ 2. Fall)
jäG aiHtla að fau äittn/tvoo/thrjau meeða tel ...
ich möchte zu bekommen eine(4)/zwei(4)/drei(4) Karten(4) zu/nach ...
Ich möchte bitte eine/zwei/drei Fahrkarten zu/nach ...

🎵 **eina leið / báðar leiðir**
äina läið / bauðar läiðir
eine Strecke / beide Strecken
einfache Fahrkarte / Hin- und Rückfahrkarte

🎵 **Geturðu sagt mér hvenær ég á að fara út?**
gjätürðu sacht mjär kvänair jäG au að faara uut
kannst-du gesagt mir(3) wann ich habe zu gehen hinaus
Kannst du mir sagen, wann ich aussteigen muss?

Möchte man umsteigen, sagt man:

Dann erhält man ein winziges Kärtchen, auf dem gedruckt steht, wie lange man nach dem Umsteigen noch weiter fahren darf.

🎵 **Skiptimiði, takk!**
skjeftemeðe, taHk
Wechselkarte, danke
Eine Umsteigekarte, bitte.

🎵 **Hvað kostar það að taka reiðhjólið með?**
kvað kostar það að taka räiðhjouleð mäð
was kostet es zu nehmen Fahrrad-das(4) mit
Was kostet es, ein Fahrrad mitzunehmen?

🎵 **Hvað tekur ferðin langan tíma?**
kvað täkür färðen laung-gan tiima
was nimmt Fahrt-die lange(4) Zeit(4)
Wie lange dauert die Fahrt?

mit dem Schiff

Außer der Fähre von Þorlákshöfn zu den Vestmannaeyjar gibt es noch eine ganze Reihe weniger bekannter Fähren, z. B. nach Akranes, Grímsey und im Breiðafjörður.

bát|ur (m2)	Boot
bátaleig|a (w1)	Bootsverleih
ferj|a (w1)	Fähre
höfn| (w6)	Hafen
bryggj|a (w1)	Kai
vélbát|ur (m2)	Motorboot
skip (s2)	Schiff

🎵 **Ég ætla að leigja bát.**
jäG aiHtla að läija baut
ich möchte zu mieten Boot(4)
Ich möchte gerne ein Boot mieten.

🎵 **Hvenær/hvar á ég að skila bátnum?**
kvänair/kvar au jäG að skeela bauHtnüm
wann/wo habe ich zu zurückgeben Boot-dem(3)
Wann/wo muss ich das Boot zurückbringen?

mit dem Flugzeug

Die größeren Städte verbindet ein gutes Inlandsflugnetz. Am Flughafen wird Englisch gesprochen.

flugvöll|ur (m6)	Flughafen
flugvél (-ar w3)	Flugzeug
innanlandsflug (s2)	Inlandflug
farangursgeymsl|a (w1)	Gepäck-aufbewahrung

mit dem Taxi

Taxis bestellt man entweder per Telefon oder
hält sie durch Winken an. Außerdem gibt es
überall auch Taxistandplätze.

Ert þú laus?
ärt thu löjs
bist du frei
Bist du frei?

Viltu keyra mig á ...?
veltü kjäira meG au ...
willst-du fahren mich(4) zu ... (+ 4. Fall)
Fährst du mich zum/zur ...?

flugvöllinn flüGvöttlenn	Flughafen
umferðamiðstöðina ümfärðameðstööena	Busbahnhof
hótel houtäl	Hotel
farfuglaheimilið farfügglahäimeleð	Jugendherberge
tjaldstæðið tjaldstaiðeð	Zeltplatz

**Ég ætla að panta leigubíl klukkan ...
á morgun.**
jäG aiHtla að panta läiGübiil klüHkan ... au morgün
ich möchte zu bestellen Taxi Uhr-die ... auf morgen
Ich möchte ein Taxi für morgen ... Uhr bestellen.

Die Promillegrenze ist niedrig, aber es sollte selbstverständlich sein: Kein Alkohol am Steuer! Die isländischen Straßen erfordern auch asphaltiert mehr Aufmerksamkeit als anderswo in Mitteleuropa! Schon mancher ist führerscheinlos aus Island wiedergekommen ...

mit eigenem Auto

Die Polizei (lögregla) führt Radarkontrollen nicht nur dort durch, wo das Schild Radarmælingar steht, sondern überall. Und sie kassiert sofort und saftig.

Mittlerweile ist überall im Land an den Tankstellen Selbstbedienung und Zahlung mit EC- oder Kreditkarte möglich. Sollte dennoch einmal etwas nicht funktionieren, die Karte nicht akzeptiert werden oder die Zapfsäule streiken, kann man sein Anliegen an der Theke so formulieren:

🔊 **Ég ætla að fá bensín.**
jäG aiHtla að fau bänsin
ich möchte zu bekommen Benzin
Ich möchte gerne Benzin bekommen.

🔊 **Er sjálfsafgreiðsla hér?**
är sjaulsawgräiðsla hjär
ist Selbstbedienung hier
Ist hier Selbstbedienung?

Bei Kreditkarten wird in der Regel die PIN gefordert. Seit einigen Jahren müssen EC-Karten zumindest bei einigen ausgebenden Banken für bestimmte Länder, darunter auch Island, freigeschaltet werden.

An mit Sjálfsali gekennzeichneten Tanksäulen kann man mit Geldscheinen und Kreditkarten o.a. selbst tanken, wenn geschlossen ist. Im allgemeinen haben Tankstellen aber lange auf. Man denke aber an Feiertage!

Bei Tankstellen auf dem Lande stehen stets kleine Läden dabei, oft mit Café oder Würstchenbude. Solche kleinen Läden, nicht nur an

Tankstellen, heißen sjoppa (w1) und sind oft eine Art Treffpunkt. Bei manchen Tankstellenketten sind größere Läden dabei.

bensínstöð (-var) (w3) bänsinstöð	Tankstelle
verkstæði (s3) värkstaiðe	Werkstatt

🔊 **Fyll'ann!**
(Abk. f.: **Fylla hann!**)
fettlann
fülle ihn(4)
Volltanken, bitte.

🔊 **Bara fyrir tvö þúsund krónur, takk.**
baara feerir tvö thusünd krounür, taHk
nur für zwei tausend Kronen danke
Nur für 2000 Kronen, danke.

🔊 **Ég ætla að fá þrjátíu lítra …**
jäG aiHtla að fau thrjautiü liitra …
ich möchte zu bekommen dreißig Liter … (+ 4.)
Ich möchte bitte dreißig Liter …

níutíu og átta	niitiüauHta	Super (98 Okt.)
bensín (s2)	bänsin	Benzin
blýlaust	bliilöjst	unverbleit
dísel/diesel	diisäl	Diesel
olía (w1)	olia	Öl
olíuskipti	oliüskjefte	Ölwechsel
vatn (s2)	vaHtn	Wasser

◗ Ertu með loftþrýstimæli?
ärtü mäð loftthristemaile
bist-du mit Luftdruckmesser(4)
Hast du einen Luftdruckmesser?

◗ Geturðu neglt dekkin?
gjätürðü nälcht däHkjen
kannst-du genagelt Reifen-die(4)
Kannst du meine Reifen mit Spikes versehen?

Wenn man bei Eis und Schnee längere Zeit fährt, sind Spikes unbedingt zu empfehlen. Man kann seine Reifen in jedem Reifendienst „spicken" lassen.

Panne!

So etwas ist bei den isländischen Wegen kaum auszuschließen. Wer sein Auto sehr liebt, sollte es daher besser zu Hause lassen. Im Falle eines Falles sagt man:

◗ Það er sprungið hjá mér.
það är sprung-geð chjau mjär
es ist geplatzt bei mir(3)
Ich habe eine Reifenpanne.

◗ Ég varð fyrir slysi.
jäG varð feerir sleese
ich wurde für Unfall(3)
Ich hatte einen Unfall.

◗ Hvar er næsta bílaverkstæði/bensínstöð?
kvar är naista biilavärkstaiðe/bänsinstöð
wo ist nächste Werkstätte-die/Tankstelle-die
Wo ist die nächste Werkstatt/Tankstelle?

©RK

■ Wer war noch mal dran mit Rausgehen und Tanken?

🔊 **Geturðu dregið bílinn minn þangað?**
gjätürðu dräijeð biilenn menn thaung-gað
kannst-du gezogen Wagen-den(4) meinen(4) dorthin
Kannst du mich bis dahin abschleppen?

🔊 **Gæti ég fengið far?**
gjaite jäG fäingjeð faar
könnte ich bekommen Fahrt(4)
Kannst du mich ein Stück mitnehmen?

🔊 **Bíllinn er bensínlaus.**
biittlenn är bänsinlöjs
Auto-das ist benzinlos
Mir ist das Benzin ausgegangen.

🔊 **Ertu með varageymi?**
ärtü mäð vaaragjäime
bist-du mit Reservekanister(4)
Hast du einen Reservekanister?

🔊 **Bíllinn minn stendur í/hjá ...** (+ 3.)
biittlenn menn ständür i/chjau ...
Wagen-der mein steht in/bei ...
Mein Wagen steht in/bei ...

🔊 **Hann er bilaður.**
hann är beelaður
er ist kaputt(m)
Er ist kaputt.

in der Werkstatt

🎵 **Viltu gera svo vel og skoða ...** (+ 4.)
veltü gjära svo väl oG skooða ...
willst-du tun so gut und anschauen ...
Kannst du bitte mal ... ansehen?

🎵 **Geturðu gert við það?**   🎵 **Vantar varahluti?**
gjätürðü gjärt veð thað   vantar vaaraHlüte
kannst-du gemacht mit das(4)   Fehlen Ersatzteile?
Kannst du das reparieren?

🎵 **Hvað kostar það og hvað tekur það langan tíma?**
kvað kostar thað oG kvað täkür thað laung-gan tiima
was kostet es und was nimmt es lange(4) Zeit(4)
Was kostet es und wie lange dauert es?

reipi (s3)	Abschleppseil
ræs|ir (m4)	Anlasser
púströr (s2)	Auspuff
batteri (s2)	Batterie
brems|a (w1)	Bremse
drif (s2)	Getriebe
reim (-ar w3)	Keilriemen
kúpling- (-ar w2)	Kupplung
vél (-ar w3)	Motor
dekk (s2)	Reifen
viðgerð (-ir w3)	Reparatur
(snjó)keðj|a (w1)	Schneekette
nagladekk (s2)	Spikesreifen
startkapal|l (-kaplar A! m3)	Startkabel
dempar|i (m1)	Stoßdämpfer
ventil|l (-tlar A! m5)	Ventil

blöndung|ur (m2)	Vergaser
tjakk|ur (m2)	Wagenheber
kerti (s3)	Zündkerze

trampen

🔊 **Ertu að fara til ...?** (+ 2.)

ärtü að faara tel ...

bist-du zu fahren nach/zu ...

Fährst du zufällig nach/zu ...?

🔊 **Get ég/getum við fengið far?**

gjät jäG/gjätüm veð fäingjeð faar

kann ich/können wir bekommen Fahrt(4)

Kann ich/können wir mitkommen?

Verkehrsschilder und Hinweise	
Aðvörun	Warnung
Akið varlega	Vorsichtig fahren
Ath!	Achtung!
Bifreiðastöður bannaðar	Parken verboten
Bílastæði bönnuð	
Blindhæð(ir)	unübersichtl. Stelle(n)
Einkavegur	Privatweg
Hraðahindrun	Straßenschwelle
Hringsjá	Aussichtspunkt
Lífshætta	Lebensgefahr
Nýlögð klæðning	Neuer Straßenbelag
Öll umferð bönnuð	Zufahrt verboten
Slitlagslögn	Asphaltierung
Steinkast	Steinschlag
Tjaldstæði (bönnuð)	Zelten erlaubt (verboten)
Upplýsingar	Information

Nach einer Gefahrenstelle steht oft das Schild:

> **Þökkum tillitsaman akstur!**
> Vielen Dank für
> rücksichtsvolles Fahren!

Unfall

🔊 **Það varð (alvarlegt) slys.**
thað varð (alvarlächt) slees
es wurde (ernster) Unfall
Es ist ein (ernster) Unfall passiert.

🔊 **Kallaðu strax á lögregluna /
sjúkrabíl / slökkviliðið!**
kattlaðü strachs au löggrägglüna/
sjuukrabiil/slöHkveleðeð
*ruf(!) sofort an Polizei-die(4)/
Krankenwagen(4)/ Feuerwehr-die(4)*
Ruf sofort die Polizei/
einen Rettungswagen/ die Feuerwehr!

🔊 **Hann/hún er meðvitundarlaus.**
hann/huun är mäðvetündarlöjs
er/sie ist bewusstlos
Er/sie ist bewusstlos.

🔊 **Ég/hann/hún meiddist.**
jäG/hann/huun mäiddest
ich/er/sie verletzte-sich
Ich bin/er/sie ist verletzt.

Mit Wohn-und Geländewagen

Ég þarf tengingu við rafmagn.
jäG tharf tängingü veð rawmaggn
Ich brauche einen Stromanschluss.

Ég þarf tengingu við vatnslögn.
jäG tharf tängingü veð vaHslöggn
Ich brauche einen Wasseranschluss.

Hvar get ég tæmt /hreinsað ferðaklósettið?
kvar gjät jäG taimt / hräinsað färðaklousäHteð
Wo kann ich die Chemietoilette entleeren / reinigen?

Hvar get ég hlaðið rafhlöðuna / farsímann?
kvar gjät jäG Hlaðeð rafHlöðüna / faarsimann
Wo kann ich den Akku / mein Handy aufladen?

Vollsperrung wegen sehr heißer Geysire. Schilder wie dieses sind stets ernst zu nehmen!

Get ég fengið ... að láni?
gjät jäG fäingjeð ... að laune
kann ich bekommen ... zu Leihgabe
Kann ich ... leihen?

millistykki (s3)	Adapter
dráttarbeisli (s3)	Anhänger am Wohnwagen
dráttarkúla (w1)	Anhängerkupplung am Auto
yfirbygging (w2)	Aufbau (z. B. Wohn- wagen), Karosserie
rafkerfi (s3)	Bordelektrik
þaklúga (w1)	Dachluke
(trufluð)	(gestörter) Empfang
móttaka (w1)	(Satellit, Handy, TV)
rafmagnstengil|l (-tenglar, m5)	externe Steckdose z. B. am Wohnwagen
hjólagrind (w3)	Fahrradträger
gashylki (s3)	Gasflasche
jeppi (m1)	Geländewagen
farangursgrind (w3)	Gepäckträger
grind (w3)	Gitter, Träger

Unterwegs in Island: über die Befahrbarkeit der Strecke informiert man sich lieber vorher

©PR

kojuhús (s2)	Koje, Aufbau von Wohnwagen
hleðslutæki (s3)	Ladegerät (für Bordstrom)
pantur (m2)	Pfand
própan (s2)	Propan
skíðagrind (w3)	Skiträger
slöngutengi (s3)	Schlauchanschluss (z. B. für Gas)
sólarrafhlaða (w1)	Solarpanel
innstunga (w1)	Steckdose (nur im Haus)
kló (Mz **klær** w4)	Stecker
pláss (s2)	Stellplatz
ökuljósatengi (s3)	Stromanschlusskabel für Rücklichter
stoð (**-ar**, **-ir** w3)	Stütze
mót (s2)	Treffen (z. B. von Landwagenfahrern)
sliskjur (Mz w1)	Unterlage unter durch-drehende Räder (Sand / Schnee)
húsbíl‖l (m5)	Wohnmobil
hjólhýsi (s3)	Wohnwagen
tjaldvagn (**-s, -ar** m2)	Zeltwagen

Ég þarf vegpunkta fyrir GPS/ leiðsögukerfið.
jäG tharf vägpunkta feerir dschi pi äss / läiðsöGükjärfeð
Ich brauche Wegpunkte für das GPS / Navi.

... er bilaður/biluð/bilað.
...är beelaðür / beelüð / beelað
... ist kaputt (m/w/s).

Furten

Hvernig kemst ég yfir skarðið / vaðið?
kvättneG kjämst jäG iivir skarðeð / vaaðeð
Wie komme ich über den Pass / die Furt?

Hversu djúpt er vaðið?
kvärsü djuft är vaaðeð
Wie tief ist die Furt?

Eru erfiðir / gljúpir / gréttir vegarkaflar framundan?
ärü ärfeðir / gljupir / griHtir väGarkabblar framündan
Gibt es schwierige / „verschluckende" / grobsteinige Pistenabschnitte voraus?

Er óhætt að vera einn á ferð um þennan veg?
är ouhaiHt að vära äittn au färð üm thännan väG
ist ungefährlich zu sein allein auf Reise entlang diese Straße
Kann man hier alleine fahren?

Eigum við að verða samferða?
äiGüm veð að värða samfärða
Sollen wir zusammen fahren?

Vélin hefur blotnað.
vjälen hävür bloHtnað
Der Motor hat Wasser angesaugt.

Wetter

Wenn zwei Isländer sich treffen, sprechen sie erst einmal ausführlich übers Wetter. Es ist ein sehr wichtiges Thema, gerade auch für die Reise, das unter Umständen über Leben und Tod entscheiden kann. Es ist ratsam, sich ausführlich über das Wetter zu informieren, da es sich sehr schnell ändert.

Besonders im Hochland sollte man nie losfahren, ohne unmittelbar vorher noch die neuesten Wetterinfos gehört zu haben.

Wetternachrichten erhält man in allen bewirtschafteten Hütten, aus Zeitung, Rundfunk, Fernsehen und dem Wettertelefon (svarsími Veðurstofu Íslands), dessen Telefonnummer unter den wichtigen auf der ersten Seite des Telefonbuches (símaskrá) steht. In diesem Zusammenhang möchte ich darauf hinweisen, dass die orange gestrichenen Schutzhütten wirklich nur für den Notfall sind, und nicht – da unverschlossen und mit einem Notvorrat ausgestattet – eine Gelegenheit darstellen, sich billig durchs Land zu schwindeln!

Telefonbuch im Internet: www.ja.is

vindur – der Wind:	
logn (s2)	Windstille
gola (w1)	leichte Brise (Stärke 3)
kaldi (m1)	frische Brise (Stärke 5)
stinningskaldi / strekkingur	„Regenschirmkiller" (Stärke 6)
allhvasst	Stärke 7

Diese Windbezeichnungen sind zwar offiziell abgeschafft und durch Geschwindigkeiten in m/s ersetzt. Aber umgangssprachlich werden sie noch verwendet.

Wetter

Bei starkem Wind können Autos auf Fahrten über die Sanderflächen eine effektive Sandstrahlbehandlung abbekommen, daher Vorsicht!

Die nicht seltenen Stürme werden mit ansteigender Intensität als hvassviðri, stormur, rok und ofsaveður bezeichnet; letzteres ist ein wirklich schweres und gefährliches Wetter, welches wir zum Glück in Mitteleuropa kaum kennen.

ský – Wolken:

heiðskírt, bjart	wolkenlos und schön
skýjað	bedeckt
léttskýjað	leicht bedeckt
hálfskýjað	halb bedeckt
alskýjað	ganz bedeckt
Sólin skín.	Die Sonne scheint.
Tunglið skín.	Der Mond scheint.
miðnætursól (w3)	Mitternachtssonne
norðurljós (s2)	Nordlicht

úrkoma – vom Niederschlag zum Sauwetter:

úrkomulaust, þurrt	trocken
þoka, mistur	Nebel
skúr (skúrir) (w3)	Schauer, meist bei schönem Wetter
súld (w3)	feiner Nieselregen
rigning (w2)	Dauerregen
haglél (s2)	Hagel
slydda, slydduél	Schneeregen
snjókoma (w1)	Schneefall
él, éljagangur	kräftige Schneefälle
leiðinlegt veður	„Sauwetter"

veðrið – die Wetterlage:

hæð (w3)	Hochdruckgebiet
lægð (w3)	Tiefdruckgebiet
skil (s2, Mz)	(Wetter)Front
hvessir	der Wind frischt auf
lægir	der Wind legt sich
kólnar	es wird kälter
hlýnar	es wird wärmer
kalt	kalt
svalt	kühl
hlýtt	warm
árdegis	in der ersten Tageshälfte
síðdegis	in der zweiten Tageshälfte
þykknar upp	es bewölkt sich
léttir til	Wolken reißen auf
norðanátt	Nordwind
sunnanátt	Südwind
vestanátt	Westwind
austanátt	Ostwind
vaxandi	wachsend
minnkandi	schwindend
hæg átt	leichte Brise
breytileg átt	veränderliche Brise
hiti ... stig	... Grad über Null
frost ... stig	... Grad unter Null
víða	weithin
um mest allt land	über fast ganz Island
í innsveitum	im Landesinneren
á ströndinni	an der Küste

🎵 **Hvernig er veðrið í ...?** 🎵 **Það fer að ...**
(+ 3. Fall) *es geht zu ...*
kvättneG är väðreð i ... Es wird ...
wie ist Wetter-das in ...
Wie ist das Wetter in ...?

rigna	reggna	regnen
hvessa	kvässa	auffrischen (Wind)
🎵 **batna**	baHtna	sich bessern

Mit einem Smart-
phone können Sie 🎵 **Er hægt að fara til ...?** (+ 2. Fall)
sich die mit einem 🎵 är haicht að faara tel ...
gekennzeichneten *ist möglich zu gehen zu ...*
Sätze dieses Kapitels Kann man nach ... gehen (fahren)?
anhören.

🎵 **Þú verður að bíða.**
thu värður að biiða
du wirst zu warten
Du musst warten.

Befahrbarkeit der Straßen (Færð á vegum)

Viele Straßen, besonders im Osten und im
Landesinneren, sind nicht asphaltiert und
manchmal unangenehme Holper- und Schot-
terpisten. Ansonsten ist zu bemerken, dass
stets mit Licht gefahren wird, die Höchstge-
schwindigkeit in Ansiedlungen 45 km/h und
außerhalb 90 km/h beträgt. Man kann von Is-
ländern und von der Vegagerð Ríkisins, dem
Staatlichen Straßenbauamt, telefonisch oder
über das Internet (www.vegagerdin.is) eine Infor-
mation über den Straßenzustand erhalten.

©RK

Im Hochland kommt man
mit einem Kleinwagen
nun mal nicht weiter

🖉 Hvernig er færð á vegi númer ...?
kvättneG är färð au väije nuumär ...
wie ist Befahrbarkeit auf Weg-dem(3) Nummer ...
Wie befahrbar ist die Straße Nr. ...?

🖉 Hann er opinn/lokaður.
hann är openn/lokaður
Sie ist geöffnet/geschlossen.

🖉 Hann er ófær / fær.
hann är oufair/fair
Sie ist unbefahrbar/befahrbar.

Ófær / fær bedeutet auch, dass die Wetter-
situation so ist, dass ein Schiff oder Flugzeug
geht (oder auch nicht):

🖉 Það er ófært til Egilsstaða.
thað är oufairt tel äijelsstaða
es ist unbefahrbar nach Egilsstaðir(2)
Es besteht momentan keine
Flugverbindung nach Egilsstaðir.

fyrir alla umferð/ jeppa	für jeden Verkehr/ Geländewagen
vegna snjóa/ aurbleytu	wegen Schnee/ Aufweichung
hálka/hálkublettir	Straßenglätte/ vereinzelte Glätte
skafrenningur	Schneeverwehungen

Achten sollte man auf

„die sieben S":

Steine, die liegen und fliegen;
Schafe, die plötzlich auftauchen können;
Spurrillen, besonders im Asphalt;
Seitenwind und
Schleudergefahr wegen
Schotter und
Schlaglöchern.

bundið slitlag	asphaltierter Belag
malarborinn vegur	geschotterte Piste
lofthit|i (m1) lofthete	Lufttemperatur
vegarhit|i (m1) väGarhete	Straßentemperatur
vindhvið|a (w1) vendkveða	Windbö
veðurstöð, -var, -var (w3) väðürstöð	Wetterstation

Auf dem Lande

Die Natur ist sowohl sehr empfindlich als auch zum Teil gefährlich. Deshalb sollte man stets auf vorgeschriebenen Wegen bleiben. Jeden Sommer enden einige schöne Urlaube damit, dass Touristen in Heißquellengebieten durch dünnen Boden durchgebrochen sind, dem äußerlich nichts anzusehen war, – und sie landeten in 120 Grad heißem Schlamm! Dort, wo der Boden in Heißquellengebieten dunkelbraun und bewachsen ist, ist man ziemlich sicher.

Isländer werden ziemlich sauer, wenn man einer Laxá, einem Lachsfluss, zu nahe kommt und die Lachse verschreckt. Auch bei brütenden Vögeln sollte man Vorsicht walten lassen: Manche Seevögel können unangenehm werden und Fischöl speien oder sogar ziemliche Verletzungen zufügen.

Trotz des vielen Regens ist im Hochland oft kein Wasser zu finden: Also an genug Wasser denken!

ask-a (Ö! w1)	Asche
læk|ur (**-ir** m2)	Bach
tré (s2)	Baum
fjall (**fjöll** Ö! s2)	Berg
vík (**-ur** w3)	Bucht
á (w7)	Fluss
tind|ur (m2)	Gipfel
jökul|l (**-klar** A! m5)	Gletscher
hver (**-ir** m2)	heiße Quelle
hverasvæði (s3)	Heißquellengebiet
heið|i (**-ar** w)	Hochfläche

In den folgenden Wortlisten stehen unregelmäßige Mehrzahlendungen in Klammern, inklusive der Beugungsklasse der Hauptwörter.

hálendi (s3)	Hochland
hól|l (m5)	Hügel
ey (eyjar w3)	Insel
gíg|ur (m2)	Krater
hraun (s2)	Lava
mýr|i (**-ar** w)	Moor
sand|ur (m2)	Sand(fläche)
neyðarskýli (s3)	Schutzhütte
vatn (vötn Ö! s2)	See (der)
dal|ur (**-ir** m2)	Tal
eldfjall (**-fjöll** Ö! s2)	Vulkan
skóg|ur (**-ar** m2)	Wald
laug (**-ar** w3)	warme Quelle, Schwimmbad
foss (m3)	Wasserfall

Man sollte daran denken, in den Hüttenbüchern, die es in den meisten bewirtschafteten Hütten gibt, Reiseroute und -dauer anzugeben, damit im Notfall schnell Hilfe gebracht werden kann.

🐾 **Við ætlum að fara upp á jökulinn/hálendið.**
veð aiHtlüm að faara üHp au jökülenn/hauländeð
*wir wollen zu fahren hinauf auf Gletscher-den(4)/
Hochland-das(4)*
Wir wollen auf den Gletscher/ins Hochland.

🐾 **Við ætlum að koma til baka (um það bil) þann ...**
veð aiHtlüm að kooma tel baka (üm það beel) þann ...
*wir wollen zu kommen nach zurück (um den(4)
Abstand(4)) am ...*
Wir wollen (ungefähr) am ... zurück sein.

🐾 **Verður gott veður?**
värður goHt väður
Wird (es) gutes Wetter?

Übernachten

Es gibt viele Übernachtungsmöglichkeiten: Privatzimmer, Campingplätze, „Foss-Hotels" (preiswerte Hotelkette). In den Touristeninfos erfährt man alles darüber.

Wildes Campen ist deutlich weniger geworden, besonders in der Nähe von Ortschaften und im Südland. Ich habe mehrfach gehört, dass die Polizei wilde Camper aufgefordert hat, den nächsten Campingplatz aufzusuchen.

In Städten ist wildes Zelten verboten, und die Polizei achtet auch darauf, dass das Verbot nicht unterlaufen wird.

Es sind viele Wasserschutzgebiete ausgewiesen, in denen Zelten verboten ist. Sie sind gekennzeichnet mit VATNSBÓL *und einem durchgestrichenen Zelt.*

auf dem Campingplatz	
hjólhýsi (s3)	Wohnwagen
húsbíl|l (m3)	Wohnmobil
voucherar (m3, Mz)	Campinggutscheine

🎵 **Má tjalda hér?**
mau tjalda chjär
(man-)darf zelten hier
Darf man hier zelten?

🎵 **Hvað kostar það á mann (á tjald)?**
kvað kostar thað au mann (au tjald)
was kostet es auf Mann (auf Zelt)
Was kostet es pro Mann (pro Zelt)?

Übernachten

🎵 **Get ég fengið (fengið leigt) ...**(+ 4. Fall)**?**
gjät jäG fäingjeð (fäingjeð läicht) ...
kann ich bekommen (bekommen geliehen) ...
Kann ich ... bekommen/leihen?

Mit einem Smartphone können Sie sich die mit einem 🎵 gekennzeichneten Sätze dieses Kapitels anhören.

... **ábreiðu**	aubräiðü	eine Decke
... **dýnu**	diinü	eine Matte
... **kodda**	kodda	ein Kissen
... **rúmföt**	ruumföt	Bettwäsche
... **svefnpoka**	sväppoka	einen Schlafsack
... **sæng**	saing	eine Bettdecke
... **tjald**	tjald	ein Zelt
... **hæla**	haila	Heringe
... **gúmmí**	gummi	Zeltösen
... **vindsæng**	vendsaing	eine Luftmatratze

im Hotel/in der Jugendherberge

Seit ca. 2013 schießen überall Hotels, Gästehäuser und andere Übernachtungsmöglichkeiten aus dem Boden, mit recht unterschiedlichen Preis- und Qualitätsniveaus.

🎵 **Hvað kostar gistingin eina nótt?**
kvað kostar gjestingen äina nouHt
was kostet Übernachtung-die(4) eine(4) Nacht(4)
Wieviel kostet eine Übernachtung?

🎵 **Er morgunverðurinn innifalinn?**
är morgünvärðurenn ennefalenn
ist Frühstück-das inbegriffen
Ist das Frühstück (im Preis) inbegriffen?

🎵 **Ég ætla að gista hér í eina nótt.**
jäG aiHtla að gjesta chjär i äina nouHt
ich möchte zu übernachten hier in eine(4) Nacht(4)
Ich möchte eine Nacht hier bleiben.

🔊 **Ég ætla að gista hér í tvær nætur.**
jäG aiHtla að gjesta chjär i tvair naitür
ich möchte zu übernachten hier in zwei(4) Nächte(4)
Ich möchte zwei Nächte hier bleiben.

🔊 **Ég er með svefnpoka.**
jäG är mäð sväppoka
ich bin mit Schlafsack(4)
Ich habe einen Schlafsack dabei.

(Übernachten mit eigenem Schlafsack ist billiger!)

©RK

🔲 Was für ein Platz zum Zelten!

Übernachten

Er ennþá eitthvað laust?
är änthau äiHtkvað löjst
ist noch etwas frei
Ist noch etwas frei?

Má ég sjá herbergið?
mau jäG sjau härbärgjeð
darf ich sehen Zimmer-das(4)
Darf ich das Zimmer sehen?

Mér líst (ekki) á það.
mjär liist (äHkje) au það
mir(3) gefällt (nicht) an es(4)
Mir gefällt es (nicht).

Það er kalt í herberginu.
það är kalt i härbärgjenü
es ist kalt in Zimmer-dem(3)
Es ist kalt im Zimmer.

Má nota eldhúsið?
mau noota äldhuseð
darf gebrauchen Küche-die(4)
Darf man die Küche benutzen?

Er hér einhvers staðar rafmagn?
är chjär äinkvärs staðar rawmagn
ist hier eines(2) Ortes(2) Strom
Gibt es hier eine Steckdose?

Essen & Trinken

Das Preisniveau in Island wird nicht mehr als ganz so hoch wie früher empfunden. Es lohnt sich meiner Meinung nach nicht, Lebensmittelvorräte mitzunehmen; Fisch und Milchprodukte einzuführen, ist ohnehin verboten.

In größeren Orten gibt es Lebensmittelketten wie Bónus, Krónan oder 10-11, die zum Teil sehr günstige Angebote bei Milchprodukten, Obst, Brot usw. haben. Viele dieser Billig-Lebensmittelketten kommen und gehen relativ schnell wieder. Auch gibt es einige kleinere Restaurants, in denen man durchaus zu vernünftigen Preisen speisen kann.

Mit einem Smartphone können Sie sich die mit einem ♫ gekennzeichneten Sätze dieses Kapitels anhören.

Die Öffnungszeiten bei Geschäften sind sehr verschieden, manche haben bis 23.00 Uhr auf. Kauft man sich Fisch, Salat oder dergleichen, sollte man auf die Aufschrift kælivara (Kühlware) achten. Andernfalls steht darauf niðursoðin vara – kæligeymsla óþörf (konserviert – keine Kühlung notwendig).

Hier eine kleine Liste von Grundbegriffen rund ums Essen:

mat|ur (-**ar** m2)	Essen
drykk|ur (-**ir** m2)	Getränk
morgunmat|ur (m2)	Frühstück
hádegismat|ur (m2)	Mittagessen
kvöldmat|ur (m2)	Abendessen
desert (s2)	Dessert

hníf|ur (m2)	Messer
gaffal|l (**gafflar** A! m5)	Gabel
skeið (**skeiðar** w3)	Löffel
disk|ur (m2)	Teller
boll|i (m1)	Tasse
glas| (**glös** Ö! s2)	(Trink)Glas
flask|a (**flöskur** Ö! w1)	Flasche
kann|a (**könnur** Ö! w1)	Kanne
brús|i (m1)	Thermoskanne

isländische Nationalgerichte

Die Essenszeiten und -gewohnheiten unterscheiden sich nicht allzusehr von den unsrigen. Zwischen den Hauptmahlzeiten gibt es oft einen kaffi (Kaffee). Fá sér kaffisopa, einen Kaffee trinken, ist eine beliebte Betätigung und bildet oft auch die Grundlage für eine Einladung.

Fisch wird viel gegessen, und es gibt eine Unzahl sehr leckerer Gerichte, die ich unmöglich alle aufzählen kann. Hier eine Auswahl:

Fiskbollur sind gebratene Fischklößchen mit Gemüse.

Saltfiskur, ein streng schmeckender Pökelfisch, wird mit zerlassenem Hammelfett und Kohlrüben gegessen.

Plokkfiskur ist ein dicker Eintopf aus Fisch und Kartoffeln.

Kjötsúpa ist eine traditionelle isländische Fleischsuppe.

Fjallagrasaréttir sind Suppen, die aus dem „Isländischen Moos" (fjallagrös), einer seltenen Flechte, hergestellt sind.

Lundi, der Papageientaucher, wird besonders auf den Vestmannaeyjar viel gefangen.

Skyr heißt eine Art Quark, der mit Sahne verrührt, mit Zucker bestreut oder mit frischen Blaubeeren gegessen wird. Ein echtes Stück Island!

Steikt kaffibrauð sind verschiedene pfannkuchenartige Gebäcke wie **pönnukökur, lummur, vöfflur,** die mit Marmelade, Schlagsahne und Zucker zum Kaffee gegessen werden. Zu **flatkökur** und **skonsur** gibt es meist deftigeres wie Käse oder **hangikjöt** (geräuchertes Lammfleisch).

Kleinur, skúffukökur, vínarbrauð, tebollur, snúðar sind verschiedene Sorten Gebäck, die alle sehr gut schmecken.

Hverabrauð ist eine echte isländische Spezialität: ein in der dampfenden Erde gesottenes Roggenbrot. Bekommt man nicht überall, ist aber wegen seiner Ergiebigkeit für längere Touren außerhalb der Zivilisation sehr zu empfehlen.

Á veitingahúsi - im Restaurant

🎵 **Þjónn!**   🎵 **Má bjóða ykkur eitthvað?**
thjouttn   mau bjouða eHkür äiHtkvað
Kellner   *darf bieten euch etwas(4)*
Kellner!   Was darf ich den Herrschaften bringen?

🎵 **Get ég fengið matseðilinn, takk.**
gjät jäG fäingjeð maatsäðelenn, taHk
kann ich bekommen Speisekarte-die(4), danke
Kann ich bitte die Speisekarte bekommen?

🎵 **Get ég fengið reikninginn, takk.**
gjät jäG fäingjeð räiHkning-genn, taHk
kann ich bekommen Rechnung-die(4), danke
Kann ich bitte die Rechnung bekommen?

©RK

■ Das Bio-Café „Klangquelle"

Trinkgeld ist in Island nicht üblich.

𝄞 Mig langar að fá ...
meG laung-gar að fau ...
mich(4) verlangt zu bekommen ...
Ich möchte gerne ...

𝄞 Þetta er mjög gott!　　　　**𝄞 Skál!**
þhäHta är mjöG goHt　　　　skaul
Das ist (schmeckt) sehr gut!　　Prost!

In vielen Cafés kann man eine kostenlose zweite Tasse Kaffee/Tee (ábót) bekommen.

🔊 **Get ég fengið ábót?**
gjät jäG fäingjeð aubout
kann ich bekommen zweite-Tasse
Kann ich eine zweite Tasse (Kaffee/Tee) bekommen?

🔊 **Það vantar ...** (+ 4. Fall)
thað vantar ...
Es fehlt ...

🔊 **Þetta er of saltað/sterkt.**
thähta är oov saltað/stärt
Das ist zu salzig/scharf.

Arten der Zubereitung (m, w, s):

bakað|ur, bökuð (Ö!), **bakað**	gebacken
hrá|r, hrá, hrátt	roh
kryddað|ur, krydduð, kryddað	gewürzt
marinerað|ur	mariniert
reykt|ur, reykt, reykt	geräuchert
ristað|ur, ristuð, ristað	geröstet
saltað|ur, söltuð (Ö!), **saltað**	gesalzen
soð|inn	gekocht
steikt|ur, steikt, steikt	gebraten

fiskur og sjávarréttir (Fisch & Meeresfrüchte)

ál|l (m5)	Aal
gedd|a (w1)	Hecht
hákarl (m3)	Hai
hrogn (s2)	Kaviar, Rogen
humar (**humrar** A! m3)	Hummer
hval|ur (**-ir** m2)	Wal

lax (m3)	Lachs
lúð|a (w1)	Heilbutt
rauðmag|i (m1)	Seehase
rauðsprett|a (w1)	Scholle
rækj|a (w1)	Garnele
sardín|a (w1)	Sardinen
silung|ur (m2)	Forelle
síld (**-ir** w3)	Hering
skat|a (**-ur** Ö! w1)	Rochen
skel (**-jar** w3)	Muscheln
túnfisk|ur (m2)	Tunfisch
ýs|a (w1)	Schellfisch
þorsk|ur (m2)	Kabeljau

fuglar (Geflügel)

egg (s2)	Ei
gæs (**-ir** w3)	Gans
kalkún|n (m3)	Truthahn
kjúkling|ur (m2)	Hähnchen
rjúp|a (w1)	Schneehuhn
önd (**endur** w)	Ente

kjöt (Fleisch)

álegg (s2)	Aufschnitt
bjúg|a (s1)	geräucherte Wurst
blóðmör (m2)	Blutwurst
folald (**folöld** Ö! s2)	Fohlen
grís (**-ir** m2)	Ferkel (Schwein)
kálfur (m2)	Kalb
kind (**-ur** w3)	Schaf/Hammel
kæf|a (w1)	Pastete

lamb (**lömb** Ö! s2)	Lamm
naut (s2)	Rind/Kuh
pyls|a (w1)	Wiener Würstchen
steik (**-ur** w3)	Braten
svín (s2)	Schwein
ux|i (m1)	Ochse

ávextir (Obst)

appelsín|a (w1)	Orange
bláber (s2)	Blaubeere
epli (s3)	Apfel
hindber (s2)	Himbeere
kirsuber (s2)	Kirsche
krækiber (s2)	Krähenbeere
jarðaber (s2)	Erdbeere
moltuber (s2)	Moltebeere
per|a (w1)	Birne
ribsber (s2)	Johannisbeere
sólber (s2)	schwarze Johannisbeere

fara í berjamó, zum Beerenpflücken gehen, ist im späteren Sommer eine sehr beliebte Freizeitbeschäftigung.

grænmeti (Gemüse)

agúrk|a (w1)	Gurke
baun (**-ir** w3)	Erbse
blómkál (s2)	Blumenkohl
gulrót (**-rætur** w4)	Möhre
hvítlauk|ur (m2)	Knoblauch
kartafl|a (**kartöflur** Ö! w1)	Kartoffel
lauk|ur (m2)	Zwiebel
paprik|a (w1)	Paprika
rauðróf|a (w1)	rote Bete

salat (**salöt** Ö! s2)	Salat
svepp|ur (**-ir** m2)	Pilz
tómat|ur (m1)	Tomate

meðlæti (Beilagen)

núðl|a (w1)	Nudel
hrísgrjón (Mz s2)	Reis
franskar (Mz w)	Pommes frites
ídýf|a (w1)	Soße, Tunke

Óáfengir drykkir (Alkoholfreie Getränke)

djús (s2)	Fruchtsaft
gos (s2)	Limonade
kaffi (s3)	Kaffee
kakó (s2)	Kakao
kók (w3)	Coca-Cola
mjólk (w3)	Milch
(ávaxta)te (s2)	(Früchte)Tee
vatn (s2)	Wasser

Áfengir drykkir (Alkoholische Getränke)

bjór (m3)	Bier (mehr als 2,5%)
brennivín (s2)	Branntwein, Schnaps
hvítvín (s2)	Weißwein
kampavín (s2)	Champagner
maltöl (s2)	Malzbier
pilsner (m2)	Bier (2,5 %)
rauðvín (s2)	Rotwein
öl (s2)	Bier (allgemein)

Wie auch in Skandinavien ist der Alkohol in Island sehr teuer, und Spirituosen kann man nur in speziellen Geschäften kaufen. Alkoholika gibt es in der VÍNBÚÐIN (früher ÁTVR), die an einem roten Traubensymbol kenntlich ist. Auch darf nicht in allen Restaurants Alkohol ausgeschenkt werden. Leichtes Bier gibt es jedoch überall zu kaufen.

Einkaufen

bakarí (s2)	Bäckerei
stórmarkað|ur (**-ir** m2)	Großmarkt
vöruhús (s2)	Warenhaus
tilboð (s2)	Angebot
útsal-a (Ö! w1)	Ausverkauf

In den Warenhäusern (verslun, búð) kann man auch Lebensmittel erstehen.

Pylsur (heiße Würstchen)

Überall gibt es für den schnellen Hunger heiße Würstchen. Man bekommt sie im Söluturn, einer Würstchen- und Süßigkeitenbude, die oft bis spät in die Nacht geöffnet hat und einen Treffpunkt für die Jugendlichen des Ortes darstellt. Auf dem Lande gibt es sie meist bei einer Tankstelle. Ein Söluvagn oder Pylsuvagn ist dasselbe auf Rädern.

Im Laden oder an der Theke wendet sich die Bedienung an den Nächsten mit Get ég aðstoðað? *(wörtlich: kann ich geholfen) = Was darf's denn sein? Meist wird das so verschliffen ausgesprochen, dass es sich wie* getjaastoða(ð) *anhört.*

Ég ætla að fá eina/tvær/þrjár með ... (+ 3.)
jäG aiHtla að fau äina/tvair/thrjaur mäð ..
ich möchte zu bekommen ein(w,4)/zwei(w,4)/ drei(w,4) mit ...
Ich möchte bitte ein/zwei/drei Würstchen mit ...

tómatsósu	toumatsousü	Ketchup
steiktum lauk	stäichtüm löjk	Röstzwiebeln
lauk	löjk	frischen Zwiebeln
sinnepi	sennäpe	Senf
öllu	öttlü	allem

Beliebt ist auch bland í poka (= Mischung in die Tüte) von verschiedenen Süßigkeiten, die es neben den Würstchen gibt. Süßigkeiten und Leckereien allgemein heißen nammi.

Fleira?	**Já, svona ..., takk.**
fläira	jau svona ..., taHk
mehr	*ja, so-ein ..., danke*
Darf's sonst noch etwas sein?	Ja, so ein ..., bitte.

brauð (Brot)

Die meisten Brotsorten entsprechen unserem Toastbrot. Unserem Brot ähnlicher ist körfubrauð, das es in Bäckereien gibt. Mittlerweile gibt es eine größere Auswahl an Brotsorten, in der Nähe von Reykjavík z. B. in Garðabær. Dort gibt es am Garðatorg eine kleine Bäckerei.

rúgbrauð (s2)	Roggenbrot
rúnnstykki (s3)	Brötchen

mjólkurvörur (Milchprodukte)

jógúrt (Ez w3)	Joghurt
mjólk (Ez w3)	Milch
léttmjólk	fettarme Milch
nýmjólk	Frischmilch
súrmjólk	Sauermilch
þykkmjólk	Dickmilch
rjóm|i (Ez m1)	Sahne
sýrður rjómi	saure Sahne

þeyttur rjómi	Schlagsahne
ost|ur (m2)	Käse
smurost|ur (m2)	Streichkäse
skyr (s2)	isl. Quark
smjör (s2)	Butter
smjörlíki (s3)	Margarine

Sonstiges

ís (m3)	(Speise)Eis
krydd (s2)	Gewürz
hunang (Ez s2)	Honig
kak|a (kökur Ö! w1)	Kuchen
sult|a (w1)	Marmelade
hveiti (s3)	Mehl
salt (sölt Ö! s2)	Salz
sykur (Ez s2)	Zucker

Bank, Post & Telefonieren

Die isländische Währung heißt króna. Euro heißt auf isländisch evra (w1), zwei Euro sind tvær evrur.

Bank (banki)

🔊 **Ég ætla að fá þrjú hundruð evrum skipt.**

jäG aiHtla að fau thrjuhündrüð ävrüm skjeft

ich möchte zu bekommen drei hundert Euro(3) gewechselt

Ich möchte € 300 umtauschen.

❧ Hvar er næsti hraðbanki?
kvar är naiste hraðbaunkje
wo ist nächste Schnellbank
Wo ist der nächste Geldautomat?

Bei Kreditkarten wird in der Regel die PIN gefordert. Seit einigen Jahren müssen EC-Karten (zumindest bei einigen ausgebenden Banken) für bestimmte Länder, darunter auch Island, freigeschaltet werden.

❧ Kortið mitt virkar ekki.
korteð meHt verkar äHkje
Karte-die meine funktioniert nicht
Meine Karte funktioniert nicht.

❧ Eitthvað virðist vera í ólagi með hraðbankann.
äiHtkvað verðest wära i oulaije mäð hraðbaunkann
etwas scheint zu-sein in Unordnung mit Schnellbank-der
Da scheint etwas mit dem Geldautomaten nicht in Ordnung zu sein.

hraðbank|i (m1) hraðbaunkje	Geldautomat	
kort (s2) kort	Geld-/EC-Karte	
kreditkort (s2) krädetkort	Kreditkarte (VISA zumeist)	
leyninúmer (s2) läinenumär	Geheimzahl, PIN	

Meldungen des Geldautomaten

rangt númer!	Falsche Eingabe!
augnablik!	Einen Augenblick,
tel peninga ...	ich zähle das Geld ...

Post und Telefonieren (póstur og sími)

Þrjú frímerki fyrir bréf/kort til Þýskalands.
thrju frimärkje feerir brjäv/kort tel thiskalands
drei Briefmarken für Brief(4)/Postkarte(4) nach Deutschland(2)
Drei Briefmarken für einen Brief/eine Postkarte nach Deutschland.

Mig vantar símakort fyrir íslenska símkerfið.
meG vantar simakort feerir iisländska simkjärfeð
mich braucht SIM-Karte für isländisches Telefonnetz
Ich brauche eine SIM-Karte für das isländische Netz.

Mig vantar inneign hjá ...
meG vantar innäiggn chjau
mich braucht Guthaben bei ...
Ich brauche eine Prepaidkarte bei ...

Er hér nettenging?
är chjär net-tängjeng
Gibt es hier einen Internetanschluss?

Prepaidkarten heißen skafkort *(weil man die Nummer frei rubbelt) und es gibt sie in jedem kleinen Lädchen* (sjoppa).

Er hægt að hringja hér?
är haicht að hring-gja hjär
ist möglich zu telefonieren hier
Kann man hier telefonieren?

Ég vil fá að hringja til Austurríkis/Sviss.
jäG vel fau að hring-gja tel öjstürriikes/svess
ich will bekommen zu telefonieren nach Österreich(2)/ Schweiz(2)
Ich möchte nach Österreich/in die Schweiz telefonieren.

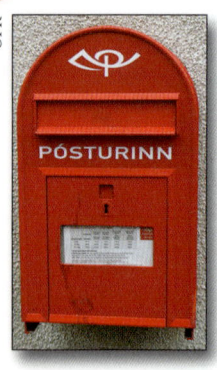

©PR

bréf (s2)		Brief
hraðbréf (s2)		Eilbrief
umslag (Ö! s2)		Briefumschlag
frímerki (s3)		Briefmarke
smápakk|i (m1)		Päckchen
sím|i (m1)		Telefon
símaklef|i (m1)		Telefonzelle
talsamband (s2)		Vermittlung (Ausl.)
póstkort (s2)		Postkarte
ábyrgðarbréf (s2)		Einschreiben
símskeyti (s3)		Telegramm
böggul|l (-gglar A! m5)	Paket
svæðisnúmer (s2 Ez)		Vorwahl-Nr.
hring|ja		telefonieren

Den Briefkasten findet man auch im dicksten Nebel!

Mobilfunk und Email:

farsím|i (m1)	Mobil-, Autotelefon
gems|i (m1)	GMS-Mobiltelefon
samband (s2)	Verbindung
Netið (s2)	das Internet
tölv|a (w1)	Rechner
nettenging (w2)	Netzverbindung
tölvupóst|ur (m2)	Email
pósthólf (s2)	Emailaccount
senda tölvupóst (4.)	Email verschicken

Polizei

Auf der Polizei (lögreglan) spricht zwar jeder Englisch. Aber dennoch ist es gut, wenn man sich selbst seines Englisch nicht sicher ist, die wichtigsten Sätze in Isländisch zu haben:

🔊 **Ég var rændur/rænd.**
jäG var raindür/raind
ich(m/w) war überfallen(m/w)
Ich bin überfallen worden.

🔊 **Get ég talað við þýska sendiráðið?**
gjät jäG talað veð thiska sänderauðeð
kann ich gesprochen mit deutscher Botschaft-die
Kann ich bitte mit der deutschen Botschaft sprechen?

🔊 **Get ég talað við austurríska / svissneska sendiráðið?**
gjät jäG talað veð öjstürriska / svessnäska sänderauðeð
kann ich gesprochen mit österreichischer /schweizerischer Botschaft-die
Kann ich bitte mit der österreichischen / schweizerischen Botschaft sprechen?

🔊 **Ég týndi** ... (+ 3. Fall) ... (+ 3.) **var stolið.**
jäG tiinde ...   ... var stoleð
Ich verlor ...   ... wurde gestohlen.

vegabréfinu mínu	väGabrjävenü miinü	mein Pass
ökuskírteininu mínu	öküskirtäinenü miinü	mein Führerschein
peningunum mínum	päningonüm miinüm	mein Geld
tékkheftinu mínu	tjäHkhäftenü miinü	mein Scheckheft
greiðslukortinu mínu	gräiðslükortenü miinü	meine Kreditkarte

Fotografieren

Geturðu tekið mynd af okkur?

gjätürðu täkjeð mend aw oHkür

kannst-du nehmen Bild von uns(3)

Kannst du ein Foto von uns machen?

film|a (w1)	Film
minniskort (s2)	Speicherchip
minnislykil|l (**-lyklar** m5)	Memorystick
rafhlaða (w1)	Batterie, Knopfzelle
ljósmyndavél (**-ar** w3)	Fotoapparat
DV-spól|a (w1)	DV-Kassette
stafrænn	Digital-
stafræn	Digitalfotokamera
ljósmyndavél (**-ar** w3)	
DV-upptökuvél (**-ar** w3)	Videokamera

Átt þú filmu eins og þessa?

auHt thu felmü äins oG thässa

hast du Film wie diesen

Hast du so einen Film?

Átt þú minniskort eins og þetta?

auHt thu menneskort äins oG thäHta

hast du Speicherkarte wie diese

Hast du so eine Speicherkarte?

Eitt eintak af hverri mynd.

äiHt äintak af kvärre mend

Ein Abzug von jedem Bild.

Krank sein

Das Gesundheitssystem ist gut ausgebaut, ebenso wie das Rettungssystem bei Unfällen. Es gibt Krankenversicherungs-Abkommen zwischen der EU und Island. Dennoch muss man Arzt- und Krankenhausbesuche selbst vorstrecken. Hilfe bekommt man in der Heilsugæslustöð, dem Gesundheitszentrum.

Notrufnummern stehen auf der ersten Seite des Telefonbuches unter der Überschrift:

> **Ef bruna eða slys ber að höndum**
> *falls Feuer oder Unfall trägt zu Händen(3)*
> Falls es brennt oder ein Unfall geschieht

neyðarsími (m1) näiðarsiime	Notruf
slökkvistöð (-var w3) slöHkvestöð	Feuerwehr
lögregla (w1) löggräggla	Polizei
sjúkrabíll (m5) sjuukrabittl	Krankenwagen
sjúkrahús (s2) sjuukrahuusJ	Krankenhaus
leit og björgun läit oG björgün	Bergungsdienst
(tann)lækn|ir (m4) (tann)laiHknir	(Zahn)Arzt
apótek (s2) apoutäk	Apotheke

🔊 **Ég finn til hérna.**
jäG fenn tel chjättna
ich fühle zu hier
Ich habe hier Schmerzen.

🔊 **Mér er illt.**
mjär är illt
mir(3) ist schlecht
Mir ist schlecht.

🎵 Ég er með ...
(+ 4. Fall)
jäG är mäð
ich bin mit ...
Ich habe ...

🎵 Mig vantar eitthvað við ...
(+ 3. Fall)
meG vantar äiHtkvað veð ...
mich(4) braucht etwas gegen ...
Ich brauche etwas gegen ...

Hinweis:
Diese Tabelle gibt die
Wörter im 4. Fall
wieder. Den 3. Fall
erhält man mit der
Endung in Klammern
(falls vorhanden);
ansonsten ist er mit
dem 4. Fall identisch.

niðurgang (-i) niðürgaung (-je)		Durchfall
bólgu boulgü		Entzündung
hita heeta		Fieber
flensu flänsü		Grippe
hálsverk (-i) haulsvärk (-je)		Halsschmerzen
hósta housta		Husten
höfuðverk (-i) hövüðvärk (-je)		Kopfschmerzen
kvef (-i) kväv (-e)		Schnupfen
sjóveiki sjouväikje		Seekrankheit
tannverk (-i) tannvärk (-je)		Zahnschmerzen

🎵 Ég skar/brenndi mig.
jäG skar/brännde meG
ich schnitt/verbrannte mich(4)
Ich schnitt/verbrannte mich.

🎵 Hann/hún ofkældist.
hann/huun oowkjaildest
er/sie kühlte-sich-zu-sehr
Er/sie hat Erfrierungen erlitten.

bómull (Ez w3) boumüttl		Watte
plástur plaustür		Pflaster
(**plástrar** A! m3)		
sárabindi (s3) saurabende		Wundverband

Schimpfen und Fluchen

In einer fremden Sprache sollte man beim Gebrauch von kräftigen Ausdrücken natürlich besonders aufpassen, weil man deren Wirkung und Gewicht nur schwer abschätzen kann. Vieles hängt natürlich auch vom Tonfall und der Miene ab.

Ojbjakk!	Pfui!
Ojbarasta!	Pfui Teufel!
Djöfulsins!	Teufel noch mal!
Teufels-des(2)	
Andskotans!	Zum Teufel!
Teufels-des(2)	
Haltu þér saman!	Halt den Mund!
halte dir(3) zusammen	
Slakaðu á! *spanne ab*	Komm, reg dich ab!
Almáttugur!	Um Gottes willen!
Guð minn góður!	*Allmächtiger/Gott mein guter*
Asni!	Esel!
Auli!	Dummerchen!
Hálfviti!	Dummkopf!

Alveg frábært!
alväG fraubairt
Ganz ausgezeichnet!

Æðislegt!!
aiðeslächt
Wahnsinn!!

Toilette

> ### **H**var er salerni?
> kvar är salärtne
> *wo ist Toilette*
> Wo gibt es eine Toilette?

Konur
Damen

> ### Má ég nota salernið?
> mau jäG noota salärtneð
> *darf ich benutzen Toilette-die(4)*
> Darf ich die Toilette benutzen?

Karlar
Herren

> ### Það vantar sápu/salernispappír.
> thað vantar saupü/salärtnespaHpir
> *es fehlt Seife/Toilettenpapier*
> Es fehlt Seife/Toilettenpapier.

> ### Ég get ekki sturtað niður.
> jäG gjät äHkje ßturtað neður
> *ich kann nicht spülen hinunter*
> Die Spülung funktioniert nicht.

Nichts verstanden? – Weiterlernen!

Wer so fleißig war und sich von der Spra-
che ein bisschen angeeignet hat, wird natür-
lich anfangs immer wieder auf Unbekanntes
stoßen. Isländer sind gerne behilflich, Lücken
zu füllen, wenn man fragt:

Hvað er þetta á íslensku/þýsku?
kvað är thäHta au iislänskü/thiskü
was ist das auf Isländisch(3)/Deutsch(3)
Was heißt das auf isländisch/deutsch?

Wenn der Isländer ein bisschen Deutsch versteht, kann man die Frage so stellen:

Hvað er „Seehund" á íslensku?
was ist „Seehund" auf Isländisch(3)
Was heißt „Seehund" auf isländisch?

Darauf wird der Isländer antworten: selur.
Nun möchte man vielleicht gerne wissen, wie
man den armen Seehund durch den grammatikalischen Fleischwolf dreht:

Hvaða kyn hefur þetta orð?
kvaða kjen hävür thäHta orð
was-für-ein Geschlecht hat dieses Wort
Was für ein Geschlecht hat dieses Wort?

Það er „hann selurinn".
thað är „hann sälürenn"
es ist „er Seehund-der"
Das heißt „er der Seehund".

Aus dem persönlichen Fürwort, das immer
davorgesetzt wird, kann man das grammatische Geschlecht erraten. Weiter:

Hvernig á ég að beygja þetta orð?
kvättneG au jäG að bäjja thäHta orð
wie habe ich zu beugen dieses(4) Wort(4)
Wie muss ich dieses Wort beugen?

Man bekommt dann zur Antwort:

Hér er selur, um sel, frá seli, til sels.
hier ist Seehund, um Seehund(4),
von Seehund(3), zu Seehund(2)

Nach hér er folgt der 1. Fall (Nominativ), nach
um der 4. Fall (Akkusativ), nach frá der 3. Fall
(Dativ), nach til der 2. Fall (Genitiv).

Viltu skrifa þetta niður fyrir mig?
veltü skreva thäHta neður feerir meG
willst-du schreiben nieder das für mich(4)
Kannst du mir das bitte aufschreiben?

Íslenskan er ekki einföld.
iislänskan är äHkje äinföld
isländisch ist nicht einfach
Isländisch ist nicht einfach.

Ég ætla að halda áfram að læra íslensku.
jäG aiHtla að halda auffram að laira iislänsku
ich möchte zu machen weiter zu lernen Isländisch
Ich möchte Isländisch weiterlernen.

Talar þú ...? (+ 4.) **Ég tala bara pínulítið ...** (+ 4.)
talar thu ...   jäG tala bara piinüliiteð ...
Sprichst du ...?   Ich spreche nur wenig ...

Dieses T-Shirt werden Sie nach Lektüre dieses Buches *nicht* benötigen

þýsku thiskü		Deutsch
ensku änskü		Englisch
sænsku sainskü		Schwedisch
dönsku dönskü		Dänisch

Ég skil þig (ekki).
jäG skjel theG (äHkje)
ich verstehe dich(4) (nicht)
Ich verstehe dich (nicht).

Viltu tala svolítið hægar.
veltü tala svoliiteð haiGar
willst-du sprechen ein-wenig langsamer
Sprich bitte etwas langsamer.

Ha!
Wie bitte?

Das ist kein Scherz. Wenn man nichts ver-
standen hat, sagt man einfach ha!, aber nicht
mit fragendem Ton („ha?"), sondern mit fal-
lendem, eben: ha! Das bedeutet aber auch,
dass man ein deutsches „aha!" im Sinne von
„so ist das also" und ähnliches nicht von sich
geben sollte, weil der Isländer das als Frage
auffasst und alles noch einmal von vorne er-
zählt. Statt dessen kann man sagen jájá, einmitt
oder, bei großem Erstaunen, núú?

	Einzahl	Mehrzahl	Einzahl	Mehrzahl
	m1: tím-i (Zeit)		**w1: krón-a** (Krone)	
1.	tími(nn)	tímar(nir)	króna(n)	krónur(nar)
4.	tíma(nn)	tíma(na)	krónu(na)	krónur(nar)
3.	tíma(num)	tímum (-unum)	krónu(nni)	krónum (-unum)
2.	tíma(ns)	tíma(nna)	krónu(nnar)	króna(nna)
	m3: akur- (Acker)		**m4: lækni-r** (Arzt)***	
1.	akur(inn)	akrar(nir) A!	læknir(inn)	læknar(nir)
4.	akur(inn)	akra(na) A!	lækni(nn)	lækna(na)
3.	akri(num) A!	ökrum (-unum) A!	lækni(num)	læknum (-unum)
2.	akurs(ins)	akra(nna) A!	læknis(ins)	lækna(nna)
	w2: bygging- (Gebäude)		**w3: borg-** (Stadt)	
1.	bygging-(in)	bygging-ar(nar)	borg(in)	borgir(nar)*
4.	bygging-u(na)	bygging-ar(nar)	borg(ina)	borgir(nar)*
3.	bygging-u(nni)	bygging-um (unum)	borg(inni)	borgum (-unum)
2.	bygging-ar(innar)	bygging-a(nna)	borgar(innar)	borga(nna)
	w6: höfn- (Hafen)		**w7: á-** (Fluss)	
1.	höfn(in)	hafnir(nar)	á(in)	ár(nar)
4.	höfn(ina)	hafnir(nar)	á(na)	ár(nar)
3.	höfn(inni)	höfnum (-unum)	á(nni)	ám (á-num)
2.	hafnar(innar)	hafna(nna)	ár(innar)	áa(nna)

Erläuterungen zur Beugungstabelle:

(...) An der Tabelle kann man die Beugung anhand von Beispielen ablesen. In Klammern ist jeweils der gebeugte Artikel ergänzt! Beim 3. Fall Mz. ist außerdem zu beachten: Bei Beugung mit Artikel lautet die Endung **unum** (und nicht „**umnum**")! 1., 2., 3. und 4. bezeichnen die Fälle.

A! Die Ausfallregel muss beachtet werden, wenn das betreffende Hauptwort in der Wörterliste mit „A!" gekennzeichnet ist.

Ö! Die Ö-Regel muss bei den Endungen **u, um** und **ur** (außer 1. Fall Ez) beachtet werden (in der Tabelle nicht extra gekennzeichnet), darüber hinaus in allen Fällen, wenn in der Beugungstabelle angegeben.

	Einzahl	Mehrzahl	Einzahl	Mehrzahl
	s1: aug-a (Auge)		**m2: hest-ur** (Pferd)***	
1.	auga(ð)	augu(n)	hestur(inn)	hestar(nir)
4.	auga(ð)	augu(n)	hest(inn)	hesta(na)
3.	auga(nu)	augum (-unum)	hesti(num)	hestum (-unum)
2.	auga(ns)	augna(nna)	hests(ins)	hesta(nna)
	m5: stein-n (Stein)***		**m6: völl-ur** (Feld)	
1.	steinn(inn)	steinar(nir)	völlur(inn)	vellir(nir)
4.	stein(inn)	steina(na)	völl(inn)	velli(na)
3.	steini(num)	steinum (-unum)	velli(num)	völlum (-unum)
2.	steins(ins)	steina(nna)	vallar(ins)	valla(nna)
	w4: bók- (Buch)**	**w5: verslun-** (Laden)**		
1.	bók-(in)	bækur(nar)*	verslun-(in)	verslanir(nar)*
4.	bók-(ina)	bækur(nar)*	verslun-(ina)	verslanir(nar)*
3.	bók-(inni)	bókum (-unum)	verslun-(inni)	verslunum (-unum)
2.	bókar(innar)	bóka(nna)	verslun-ar(innar)	verslana(nna)
	s2: land- (Land)		**s3: ríki-** (Staat)	
1.	land(ið)	lönd(in) Ö!	ríki(ð)	ríki(n)
4.	land(ið)	lönd(in) Ö!	ríki(ð)	ríki(n)
3.	landi(nu)	löndum (-unum)	ríki(nu)	ríkjum (-unum)
2.	lands(ins)	landa(nna)	ríkis(ins)	ríkja(nna)

* Die Hauptwörter „w3", „w4" und „w5" können im 1. Fall Mz die
   Endungen **ar, ir** oder **ur** haben. Dieselbe Endung behalten sie dann auch
   im 4. Fall Mz. (Bei **ur** die Ö-Regel beachten!)

** Die Hauptwörter „w4" haben im 1. und 4. Fall Mz teilweise einen
   anderen Stamm und die „w5" im 1., 2. und 4. Fall Mz .

*** Bei „m2", „m4" und „m5" kann das **i** (3. Fall Ez) fehlen. Zusätzlich
   bei „m2": 1./4. Fall Mz manchmal **ir/i** oder statt **-s** (2. Fall Ez) auch **ar**.

s3 Endet der Stamm auf **-gi/-ki**, wird das **-i** vor **-um/-a** durch **-j-** ersetzt.
   Sonst fällt **-i** vor -um/-a immer weg. Im Wemfall EZ wird kein zweites **-i**
   angehängt. Nach **-gg/-kk** wird vor **-um/-a** ein **-j-** eingefügt.

Liste starker Verben

Folgende Formen werden angegeben:

1.: Infinitiv (Grundform; z. B.: **biða**)
2.: deutsche Übersetzung (z. B. „warten")
3.: „ich"Form der Gegenwart (z. B. **ég bið** = „ich warte")
4.: Ez-Stamm („ich, du, er/sie") für die Vergangenheit (z. B. **beið**)
5.: Mz-Stamm („wir, ihr, sie") für die Vergangenheit (z. B. **bið**)
6.: sächliches Partizip (Mittelwort der Vergangenheit; z. B. **beðið** „gewartet")

1.	2.	3.	4.	5.	6.
aka	Auto fahren	ek	ók	ók	ekið
bera	tragen	ber	bar	bár	borið
bíða	warten	bíð	beið	bið	beðið
biðja	bitten	bið	bað	báð	beðið
binda	binden	bind	batt	bund	bundið
bíta	beißen	bít	beit	bit	bitið
bjóða	bieten	býð	bauð	buð	boðið
blása	blasen	blæs	blés	blés	blásið
brenna	brennen	brenn	brann	brunn	brunnið
brjóta	zerbrechen	brýt	braut	brut	brotið
búa	wohnen	bý	bjó	bjugg	búið
detta	fallen	dett	datt	dutt	dottið
deyja	sterben	dey	dó	dó	dáið
draga	ziehen	dreg	dró	dróg	dregið
drekka	trinken	drekk	drakk	drukk	drukkið
drepa	töten	drep	drap	dráp	drepið
fá	bekommen	fæ	fékk	feng	fengið
fara	gehen	fer	fór	fór	farið
finna	finden	finn	fann	fund	fundið

fjúka	weggeweht werden	fýk	fauk	fuk	fokið
fljúga	fliegen	flýg	flaug	flug	flogið
frjósa	gefrieren	frýs	fraus	frus	frosið
gefa	geben	gef	gaf	gáf	gefið
geta	können	get	gat	gát	getað
gjósa	ausbrechen (Vulkan)	gýs	gaus	gus	gosið
gráta	weinen	græt	grét	grét	grátið
grípa	greifen	gríp	greip	grip	gripið
halda	halten, glauben	held	hélt	héld	haldið
hanga	hängen	hangi	hékk	héng	hangið
heita	heißen	heiti	hét	hét	heitið
hlaupa	laufen	hleyp	hljóp	hlup	hlaupið
hlæja	lachen	hlæ	hló	hlóg	hlegið
klífa	klettern	klíf	kleif	klif	klifið
koma	kommen	kem	kom	kom	komið
láta	lassen	læt	lét	lét	látið
legg|ja*	legen	legg	lag|ði	lög|ðum	lagt
leika	spielen	leik	lék	lék	leikið
lesa	lesen	les	las	lás	lesið
liggja	liegen	ligg	lá	lág	legið
ljúga	lügen	lýg	laug	lug	logið
ljúk|a	schließen	lýk	lauk	luk	lokið
ná	erreichen	næ	ná|ði	ná|ðum	náð
nema	studieren	nem	nam	nám	numið
njóta	genießen	nýt	naut	nut	notið
renna	fließen	renn	rann	runn	runnið
ríða	reiten	ríð	reið	rið	riðið
rífa	reißen	ríf	reif	rif	rifið

(* leggja, ná und sækja sind eigentlich nicht stark, sondern unregelmäßig.)

rísa	sich erheben	rís	reis	ris	risið
sitja	sitzen	sit	sat	sát	setið
sjá	sehen	sé	sá	sá	séð
skera	schneiden	sker	skar	skár	skorið
skína	scheinen (Sonne)	skín	skein	skin	skinið
skjóta	schießen	skýt	skaut	skut	skotið
sofa	schlafen	sef	svaf	sváf	sofið
springa	platzen	spring	sprakk	sprung	sprungið
standa	stehen	stend	stóð	stóð	staðið
stela	stehlen	stel	stal	stál	stolið
stökkva	springen	stekk	stökk	stukk	stokkið
svíkja	betrügen	svík	sveik	svik	svikið
syngja	singen	syng	söng	sung	sungið
sæk|ja	holen	sæki	sótt|i	sótt|um	sótt
taka	nehmen	tek	tók	tók	tekið
vaxa	wachsen	vex	óx	ux	vaxið
verða	werden, müssen	verð	varð	urð	orðið
vinna	arbeiten	vinn	vann	unn	unnið

Beugungstabelle Verben

Es gibt schwache und starke Verben. Bei den schwachen Verben werden in der Wortliste angegeben: die Grundform getrennt in Stamm und Endung sowie die Verbklasse, z. B. kall\|a: Stamm kall-, Endung -a, Verbklasse v1. Bei Klasse v1 reicht das, da gibt es keine Ausnahmen. Bei den Klassen v2 bis v5 wird zusätzlich angegeben:
1. Person Ez der Gegenwart („ich tue"),
3. Person Ez Vergangenheit („er tat"),
das Partizip der Vergangenheit („getan"),
das man für geta („können") braucht.

Beugungstabelle Verben

Schwache Verben:

v1

Gegenwart auf **-a, -ar**; Vergangenheitszeichen **-að-** (Ez), **-uð-** (Mz, Ö!): **kall|a**

Gegenwart	Ez	Mz
1.	kall|a	köll|um (Ö!)
2.	kall|ar	kall|ið
3.	kall|ar	kall|a
Vergangenheit	**Ez**	**Mz**
1.	kall|aði	köll|uðum (Ö!)
2.	kall|aðir	köll|uðuð (Ö!)
3.	kall|aði	köll|uðu (Ö!)

v2

Gegenwart auf **-i, -ir**; Vergangenheitszeichen **-ð-, -d-, -t-**; bei **-tt-** im Stamm keines: **heyr|a**

Gegenwart	Ez	Mz
1.	heyr|i	heyr|um
2.	heyr|ir	heyr|ið
3.	heyr|ir	heyr|a
Vergangenheit	**Ez**	**Mz**
1.	heyr|ði	heyr|ðum
2.	heyr|ðir	heyr|ðuð
3.	heyr|ði	heyr|ðu

v3

Gegenwart auf **-i, -ir**; Vergangenheitszeichen **-ð-, -d-, -t-** und Stammänderung: **segja**

Gegenwart	Ez	Mz
1.	seg|i	seg|jum
2.	seg|ir	seg|ið
3.	seg|ir	seg|ja

Vergangenheit	Ez	Mz
1.	sag|ði	sög|ðum (Ö!)
2.	sag|ðir	sög|ðuð (Ö!)
3.	sag|ði	sög|ðu (Ö!)

v4

Gegenwart auf **-ur**, Vergangenheitszeichen **-ð-, -d-, -t-** ohne Änderung des Stamms: **setja**

Gegenwart	Ez	Mz
1.	set|-	set|jum
2.	set|ur	set|ið
3.	set|ur	set|ja

Vergangenheit	Ez	Mz
1.	set|ti	set|tum
2.	set|tir	set|tuð
3.	set|ti	set|tu

v5

Gegenwart auf **-ð/-rð/-ur** je nach Stamm, Vergangenheitszeichen **-ð-, -d-, -t-** mit Änderung des Stamms: **berja**

Stamm auf -r:

Gegenwart	Ez	Mz
1.	ber|-	ber|jum
2.	ber|ð	ber|ið
3.	ber|-	ber|ja

Vergangenheit	Ez	Mz
1.	bar|ði	bör|ðum (Ö!)
2.	bar|ðir	bör|ðuð (Ö!)
3.	bar|ði	bör|ðu (Ö!)

Starke Verben

Bei starken Verben werden (wie in der Literatur üblich) immer angegeben: Grundform, 1. Pers. Ez Gegenwart, 3. Pers Ez Vergangenheit, 1. Pers. Mz Vergangenheit, Partizip in der Form s Ez für die Kombination mit geta „können". Beispiel: bjóð|a, býð, bauð, buðum, boðið: býð = ich biete, bauð = er bot, buðum = wir boten, boðið = geboten. Aus diesen Formen können alle anderen Formen erschlossen werden.

Auch bei den starken Verben hängen die Gegenwartsformen in der Einzahl vom letzten Buchstaben im Stamm ab. Beispiele: fá, kom|a.

Stamm auf Vokal:		
Gegenwart	**Ez**	**Mz**
1.	fæ|-	fá|um
2.	fæ|rð	fá|ið
3.	fæ|r	fá|-
Vergangenheit	**Ez**	**Mz**
1.	fékk|-	feng|um
2.	fékk|st	feng|uð
3.	fékk|-	feng|u

Stamm auf Kons. außer -r, -s, -x:		
Gegenwart	**Ez**	**Mz**
1.	kem|-	kom|um
2.	kem|ur	kom|ið
3.	kem|ur	kom|a
Vergangenheit	**Ez**	**Mz**
1.	kom|-	kom|um
2.	kom|st	kom|uð
3.	kom|-	kom|u

Beugung der Eigenschaftswörter

Für die Eigenschaftswörter (Adjektive) werden die starken Formen gegeben, die verwendet werden, wenn das Hauptwort ohne bestimmten Artikel steht (stór hestur = ein großes Pferd).

Für die starken werden Ez und Mz für m, w, und s in allen vier Fällen angegeben.

Die schwachen Formen lauten svaki, svaka, svöku (Ö!) *bzw.* stóri, stóra, stóru.

Adjektive mit -ur in m Nom. Ez		
svak|ur, -, -t Starke Formen:		
Ez **m**	**w**	**s**
Nom. svak|ur	svök|- (Ö!)	svak|t
Akk. svak|an	svak|a	svak|t
Dat. svök|um (Ö!)	svak|ri	svök|u (Ö!)
Gen. svak|s	svak|rar	svak|s
Ez **m**	**w**	**s**
Nom. svak|ir	svak|ar	svök|- (Ö!)
Akk. svak|a	svak|ar	svök|- (Ö!)
Dat. svök|um (Ö!)	svök|um (Ö!)	svök|um (Ö!)
Gen. svak|ra	svak|ra	svak|ra

Adjektive ohne Endung in m Nom. Ez		
(**-r** gehört zum Stamm) **stór, -, -t** Starke Formen:		
Ez m	w	s
Nom. stór|-	stór|-	stór|t
Akk. stór|an	stór|a	stór|t
Dat. stór|um	stór|ri	stór|u
Gen. stór|s	stór|rar	stór|s
Mz m	w	s
Nom. stór|ir	stór|ar	stór|-
Akk. stór|a	stór|ar	stór|-
Dat. stór|um	stór|um	stór|um
Gen. stór|ra	stór|ra	stór|ra

Literaturhinweise

Es gibt bislang kaum Lehrbücher, die für das Selbststudium geeignet sind.

Scholten, Daniel: **Einführung in die isländische Grammatik.** Philyra Verlag, München. – *Detaillierte Darstellung der Beugung, teils nur für Philologen interessant.*

Schmid, Hans Ulrich: **Wörterbuch Isländisch-Deutsch.** Buske, Hamburg. – *Gutes Wörterbuch mit grammatikalischen Angaben.*

Glendening, P. J. T.: **Teach Yourself Icelandic.** Teach Yourself Books. – *Gibt einen Überblick über die Sprache, ohne zu tief in Details einzusteigen.*

Duppler, Ríta & van Nahl, Astrid: **Praktisches Lehrbuch Isländisch.** Langenscheidt, München. – *Stark an der Alltagssprache orientiert, fürs Selbstlernen geeignet.*

Heimir Steinarsson (ed.): **Þýsk-íslensk orðabók.** Bókaútgáfan Opna ehf, Reykjavík 2008.

Kress, Bruno: **Isländische Grammatik.** Max Hueber Verl., München 1982.

Mörður Árnason (ed.): **Íslensk orðabók.** 4. Aufl., Edda útg., Reykjavík 2007.

Thomson, Colin D.: **Íslensk Beygingafræði.** Helmut Buske Verlag, Hamburg 1987.

Wörterlisten

Senkrechte Striche und Bindestriche

Die senkrechten Striche dienen nur zur Kennzeichnung von Stamm und Endung. Ein einzelner Bindestrich „-" bedeutet, dass es keine weitere Endung gibt, d. h. die Form ist identisch mit dem Wortstamm.

Abkürzungen

Die Abkürzungen „Ez" und „Mz" bedeuten, dass es das Wort nur in der Einzahl bzw. nur in der Mehrzahl gibt.

regelmäßige Hauptwörter

Für regelmäßige Hauptwörter steht nur die Einzahlform im 1. Fall:
lækn|ir *(m4)*
lies: Stamm: **lækn-,** Endung: **-ir**
Geschlecht: männlich, Beugungsklasse „m4"

unregelmäßige Hauptwörter

Bei unregelmäßigen Hauptwörtern ist nach der Einzahlform außerdem der 2. Fall Einzahl und der 1. Fall Mehrzahl angegeben:
hval|ur, -s, -ir *(m2)*
lies: 1. Fall Ez: **hvalur** („Wal")
  2. Fall Ez: **hvals** („(eines) Wals")
  1. Fall Mz: **hvalir** („Wale")
Beugungsklasse: sonst wie „m2"

Hauptwort und grammatisches Geschlecht

Wenn bei einem Hauptwort nur das grammatische Geschlecht angegeben ist, lässt es sich überhaupt keiner bestimmten Beugungsklasse zuordnen, da es völlig unregelmäßig ist.

schwache Verben

Für die schwachen Verben ist die jeweilige Beugungsklasse („v1" bis „v5") angegeben. Sie werden dann wie im Kapitel „Tätigkeitswörter" beschrieben gebeugt. Darüber hinaus ist immer das Partizip (Mittelwort der Vergangenheit) angegeben, welches man für die Konstruktion mit **geta** (können) braucht:

byrj|a, -að *(v1)*
lies: Grundform: **byrj|a** („anfangen")
  Partizip: **byrjað** („angefangen")
Beugungsklasse: „v1"

Sind bei Verben jedoch drei weitere Beugungsendungen angegeben, ist das Verb – abgesehen von der Beugungsklasse – unregelmäßig. Das liest sich dann wie folgt: *unregelmäßige Verben*

hætt|a, -i, -i, - *(3. v4)*
lies: Grundform: **hætta** (aufhören)
  „ich"-Form Gegenwart: **ég hætti**
  (ich höre auf)
  „ich"-Form Vergangenheit: **ég hætti**
  (ich hörte auf)
  Partizip: **hætt** (aufgehört)
Fall: es folgt der 3. Fall (Dativ);
Beugungsklasse: „v4"

Starke Verben sind in der Tabelle starker Verben aufgelistet. Man erkennt sie daran, dass keine Beugungsklasse angegeben ist. *starke Verben*

Für Eigenschaftswörter ist immer die männliche Form Einzahl angegeben (starke Form), die weibliche und sächliche Form (bzw. Endung) ist nur angegeben, wenn sie unregelmäßig sind. *Eigenschaftswörter*

Wörterliste Deutsch – Isländisch

A

Abend kvöld *(s2)*

aber en

abfahren far|a af stað

abfliegen far|a af stað

abgeben skil|a, -að *(3. v1)*

abreisen far|a af stað

Abschleppseil dráttartaug|ur *(m2)*

Adresse heimilisfang *(s2)*

Alkohol áfengi *(s3 Ez)*

allein einn, ein, eitt

alles allt

als (Vergleich) heldur en

als (zeitl.) þegar

alt (nicht neu) gamal|l, gömul *(Ö!)*, gamalt

Alter (Lebens-) aldur *(m3)*

anfangen byrj|a, -að *(v1)*

Angel veiðistöng *(w6)*

Angellizenz veiðileyfi *(s3)*

Angelschnur girni *(s3)*

Angst ótt|i *(m1)*

anhalten stöðv|a, -að *(v1)*

ankommen kom|a

Ankunft kom|a *(w1)*

anmelden tilkynn|a, -i, -ti, -t *(v2)*

Ansiedlung (Ort) bæ|r, -jar, -ir *(m4)*

antworten svar|a, -að *(v1)*

Apotheke apótek *(s2)*

Arbeit starf *(s2)*

arbeiten vinn|a

arm fátæk|ur

Arzt lækn|ir *(m4)*

auch líka

auf á *(3./4.)*

Aufenthalt dvöl *(w6)*

aufhören hætt|a, -i, -i, hætt *(3. v2)*

aufstehen far|a á fætur

aufwachen vakn|a, -að *(v1)*

aus úr *(3.)*

Ausbruch (Geysir) gos *(s2)*

Ausbruch (Vulkan) eldgos *(s2)*

Ausgang útgang|ur *(m2)*

ausgezeichnet frábær

Auskunft upplýsing *(w2)*

Ausland útlönd *(s2 Mz)*

Ausländer útlending|ur *(m2)*

ausländisch erlend|ur, -, erlent

Ausreise brottför *(w6)*

ausruhen, sich hvíl|a, -i, -di, -t sig *(v2)*

Aussprache framburð|ur, -ar, -ir *(m2)*

aussteigen far|a út úr *(3.)*

Ausweis skilríki *(s3 Mz)*

ausziehen (sich) afklæ|ða(st), -ði(st), -ddi(st), -dd(-ðst) *(v2)*

Auto bíl|l *(m5)*

Autoverleih bílaleig|a *(w1)*

Autowerkstatt bílaverkstæði *(s3)*

B

Badeanzug sundbol|ur, -s, -ir *(m2)*

Badehose sundskýl|a *(w1)*

baden (Wanne) bað|a, -að sig *(v1)*

Badezimmer baðherbergi *(s3)*

bald bráðum

Bank (Geld) bank|i *(m1)*

Bank (Sitz-) bekk|ur, -jar, -ir *(m2)*

Bar bar, -s, -ir *(m2)*

Bargeld reiðu|fé, -fjár *(s Ez)*

Batterie rafgeym|ir *(m4)*

bauen bygg|ja, -i, -ði, -t *(v2)*

Bauer bónd|i, -a, bændur *(m)*

beeilen, sich flýt|a, -i, -ti, -t sér *(v2)*

beenden ljúka|a *(3.)*

befahrbar fær

Befahrbarkeit færð, -ar, -ir *(w3)*

begegnen, sich hitt|ast, -ist, -ist, hist *(v2)*

begleiten fylg|ja, -i, -di, -t *(v2)*

begrüßen heils|a, -að *(3. v1)*

behandeln (Krankh.) meðhöndl|a, -að *(v1)*

Behörde yfirvöld *(s2 Mz)*

bei hjá *(3.)*

Beispiel dæmi *(s3)*

bekanntmachen, sich
kynn|a, -i, -ti, -t sig *(v2)*
beleidigen móðg|a, -að *(v1)*
benachrichtigen lát|a vita
Benzin bensín *(s2)*
Berg-/Hochlandtour
fjallgang|a *(Ö! w1)*
Beruf atvinn|a *(w1)*
berühmt fræg|ur
beschweren, sich kvart|a,
-að undan *(3. v1)*
besichtigen skoð|a, -að *(v1)*
Besitzer eigand|i, -a,
eigendur *(m)*
besser (Adv.) betur
bestellen pant|a, -að *(v1)*
Bestellung pöntun, -ar,
pantanir *(Ö! w5)*
bestrafen refs|a, -að *(3. v1)*
Besuch heimsókn, -ar,
-ir *(w3)*
besuchen heimsæk|ja
(wie: sæk|ja)
Betäubungsspritze
deyfing *(w2)*
betrunken ölvað|ur,
ölvuð, ölvað
Bett rúm *(s2)*
Bettzeug rúmföt *(s2 Mz)*
bevor áður en
Beweis sönnun, -ar,
sannanir *(Ö! w5)*
bezahlen borg|a, -að *(v1)*
Bier bjór *(m3)*
Bild mynd, -ar, -ir *(w3)*
billig ódýr
Binde (Damen-)
dömubindi *(s3)*

bis (zeitl.) þangað til *(2.)*
bis (örtl.) til *(2.)*
bisschen svolítið
Bitte beiðn|i, -i, -ar *(w)*
bitten bið|ja
Blatt blað *(Ö! s2)*
blau blá|r, blá, blátt
bleiben ver|a kyrr
Blinker (Angel) spún|n *(m5)*
Blume blóm *(s2)*
Boot bát|ur *(m2)*
Botschaft (dipl.) sendiráð
(s2)
Brand eld|ur *(m2)*
Brauch venj|a *(w1)*
brauchen þurf|a
breit breið|ur, breið, breitt
brennen brenn|a
Brief bréf *(s2)*
Brille gleraug|u *(s1 Mz)*
bringen kom|a með *(4.)*
Brot brauð *(s2)*
Brücke brú, -ar, brýr *(w4)*
Bruder bróð|ir, -ur, bræður
(m)
Buch bók, -ar, bækur *(w4)*
buchen bók|a, -að *(v1)*
Buchstabe bókstaf|ur,
-s, -ir *(m2)*
bunt litrík|ur
Bürger (Staats-)
(ríkis)borgar|i *(m1)*
Büro skrifstof|a *(w1)*
Bus (Stadt-) strætó, -, -ar
(m3)
Bus (Überland-) rút|a *(w1)*
Busbahnhof umferðamið-
stöð, -var, -var

(w3)
Bushaltestelle
viðkomustað|ur, -ar, -ir
(m2)

C/D

Chef yfirmaður *(m)*
da þá; þar; þarna
Dach þak *(Ö! s2)*
dafür fyrir *(4.)*
dahinter bak við *(4.)*
damit (um zu) til þess að
danach þar á eftir
danke! takk fyrir!
danken þakk|a, -að *(v1)*
dann síðan
darum þess vegna
dass að
Datum dagsetning *(w2)*
dauern tak|a *(4.)*
Decke (Bett-) rúmteppi *(s3)*
denken hugs|a, -að *(v1)*
Denkmal minnismerki *(s3)*
deshalb þess vegna
deutsch þýsk|ur
Deutsche(r) Þjóðverj|i *(m1)*
Deutschland
Þýskaland *(s2 Ez)*
dick þykk|ur
Diebstahl þjófnað|ur, -ar,
-ir *(m2)*
dieses þetta
Ding hlut|ur, -ar, -ir *(m2)*
Dokument(e) skilríki
(s3 Mz)
Dolmetscher túlk|ur *(m2)*

Dorf bæ|r, -jar, -ir *(m2)*
dort þar; þarna
dorthin þangað
dringend áríðandi
Dosenöffner dósaopnar|i *(m1)*
dumm heimsk|ur (unv.)
dunkel dökk|ur
dünn þunn|ur
durch (quer) þvert í
  gegnun *(4.)*
dürfen meg|a
durstig þyrst|ur, þyrst,
  þyrst
durstig sein
  ver|a þyrst|ur (m) /
  ver|a þyrst (w)

E

echt ekta (unv.)
Ehefrau eiginkon|a *(w1)*
Ehemann eiginmaður *(m)*
Ehepaar hjón *(s2 Mz)*
Ei egg *(s2)*
Eigentum eign, -ar, -ir *(w3)*
Eimer fat|a *(Ö! w1)*
einander hvorn annan
Einbruch innbrot *(s2)*
einfach einfald|ur,
  -föld *(Ö!)*, -falt
Eingang inngang|ur *(m2)*
einige nokkr|ir, -ar,
  nokkur
einladen bjóð|a heim *(3.)*
Einladung heimboð *(s2)*
einmal einu sinni

einsteigen far|a inn í *(4.)*
eintreten far|a inn í *(4.)*
einverstanden sammála
Einwohner íbú|i *(m1)*
Eis (Speise-) ís *(m3)*
eisglatt hál|l, hál, hált
Eiter gröft|ur *(m6)*
Eltern foreldr|ar *(m2 Mz)*
empfangen
  tak|a á móti *(3.)*
empfehlen mæl|a, -i, -ti,
  -t með *(3. v2)*
Ende end|ir *(m4)*
eng þröng|ur
England Bretland *(s2 Ez)*
Engländer(in) Bret|i *(m1)*
Englisch ensk|a *(w1)*
Enkel(in) barnabarn, -s,
  barnabörn *(Ö! s2)*
entschuldigen, sich
  afsak|a, -að *(v1)*
Erdbeben jarðskjálft|i *(m1)*
Erde jörð *(w6)*
Erdwärme jarðhit|i *(m1)*
Ereignis atburð|ur, -ar, -ir
  (m3)
Erfolg árangur *(A! m3)*
erhalten fá
erholen, sich ná, næ,
  náði, náð sér *(v2)*
erinnern, sich
  mun|a eftir *(3.)*
erkältet sein ver|a með
  kvef
erklären útskýr|a, -i, -ði, -t
  (v2)
erkundigen, sich
  fá upplýsingar

erlauben leyf|a, -i, -ði, -t
  (v2)
Erlaubnis leyfi *(s2)*
Ermäßigung afslátt|ur,
  -ar, *(m2 Ez)*
Ersatzteil varahlut|i *(m1)*
erzählen seg|ja, -i,
  sagði, sagt frá *(3. v3)*
essen borð|a, -að *(v1)*
Essen (Mahlzeit)
  mat|ur, -ar, -ar *(m2)*
Etage hæð, -ar, -ir *(w3)*
etwa (ungefähr)
  um það bil
etwas nokkuð

F

Fabrik verksmiðj|a *(w1)*
Fähre ferj|a *(w1)*
fahren (Auto) ak|a
Fahrkarte farmið|i *(m1)*
Fahrplan ferðaáætlun, -ar,
  ferðaáætlanir *(w5)*
Fahrpreis fargjald,
  -s, -gjöld *(Ö! s2)*
Fahrrad reiðhjól *(s2)*
Fahrzeug ökutæki *(s3)*
falsch vitlaus
Familie fjölskyld|a *(w1)*
Farbe lit|ur, -ar, -ir *(m2)*
faul (Obst) ónýt|ur
faul (träge) lat|ur, löt *(Ö!)*,
  latt
Fehler vill|a *(w1)*
Feier hátíð, -ar, -ir *(w3)*
feiern hald|a hátíðlegt *(4.)*

Feld (Acker) akur, -s, akrar *(A! m3)*
Feld (Fußball-) völl|ur *(m6)*
Fenster glugg|i *(m1)*
Ferien frí *(s2)*
fern fjarlæg|ur
Fernsehgerät sjónvarpstæki *(s3)*
fertig bú|inn, -n, -ð
fest fast|ur, föst *(Ö!)*, fast
Fest hátíð, -ar, -ir *(w3)*
feucht rak|ur, rök *(Ö!)*, rakt
Feuer eld|ur *(m2)*
Feuerzeug kveikjar|i *(m1)*
Fieber hit|i *(m1)*
Film film|a *(w1)*
finden finn|a
Finger fingur, -s, fingur *(m)*
Fisch fisk|ur *(m2)*
fischen veið|a, -i, veiddi, veitt *(v2)*
Flasche flask|a *(Ö! w1)*
Fleisch kjöt *(s2)*
fleißig dugleg|ur
Fliege (auch z. Fischen) flug|a *(w1)*
fliegen fljúg|a
flirten daðr|a, -að *(v1)*
Flughafen flugvöll|ur *(m6)*
Flugticket farseðil|l, -s, -seðlar *(A! m5)*
Flugrückbestätigung staðfesting *(w2)* á flugi tilbaka
Flugzeug flugvél, -ar, -ar *(w3)*
Formular eyðublað *(Ö! s2)*

Fotoapparat ljósmyndavél, -ar, -ar *(w3)*
fotografieren tak|a ljósmynd af *(3.)*
Frage spurning *(w2)*
fragen spyr|ja, spyr, spurði, spurt *(v5)*
Frankreich Frakkland *(s2 Ez)*
Franzose Frakk|i *(m1)*
Französin Frakk|i *(m1)*
Französisch frönsk kon|a *(w1)*
Frau kon|a *(w1)*
frei frjáls
Freibad útisundlaug, -ar, -ar *(w3)*
fremd (ausländ.) erlend|ur, -, erlent
freuen, sich gleð|jast, -st, gladdist, glaðst *(v5)*
Freund vin|ur, -ar, -ir *(m2)*
Freundin vinkon|a *(w1)*
freundlich vingjarnleg|ur
Freundschaft vinátt|a *(w1)*
Frieden frið|ur, -ar *(m2 Ez)*
frieren frjós|a
frisch (Obst) fersk|ur
fröhlich glað|ur, glöð *(Ö!)*, glatt
Frucht ávöxt|ur *(m6)*
früh (Adv.) snemma
Frühling vor *(s2)*
frühstücken borð|a morgunmat
fühlen, sich líð|a *(3.)*
Führer leiðsögumaður, -manns, menn *(m)*

Führung leiðsögn *(w6)*
für fyrir *(3./4.)*
fürchten, sich (vor) ótt|ast, -ast *(2. v1)*
Fuß fót|ur, -ar, fæt|ur *(m)*

G

Galopp stökk *(s2)*
ganz heil|l, heil, heilt
Garten garð|ur *(m2)*
Gas gas *(Ö! s2)*
Gaskartusche gashylki *(s3)*
Gasse stíg|ur, -s, -ir *(m2)*
Gast gest|ur, -s, -ir *(m2)*
Gastfreundschaft gestrisni *(w Ez)*
Gastgeber gestgjaf|i *(m1)*
Gaststätte veitingahús *(s2)*
Gebäck kaffibrauð *(s2)*
Gebäude bygging *(w2)*
geben gef|a
Gebirge fjallgarð|ur *(m2)*
Gebühr gjald *(Ö! s2)*
Geburtstag afmælisdag|ur *(m2)*
gefährlich hættuleg|ur
gefallen: Es gefällt mir! Mér líst vel á það!
Gefühl tilfinning *(w2)*
gegen á móti *(3.)*
Gegend svæði *(s2)*
gegenüber á móts við *(4.)*
gehen far|a
Geld pening|ar *(m2 Mz)*

Gemüse grænmeti *(s2)*
gemütlich hugguleg|ur
genau nákvæm|ur
genug nóg (unv.)
Gepäck farangur *(A! m3)*
geradeaus beint áfram
gern gjarnan
Geschäft (Laden)
verslun, -ar, verslanir *(w5)*
Geschäft (Tätigk.)
vinn|a *(w1)*
Geschenk gjöf *(w6)*
Geschichte (Hist./
Erzähl.) saga *(Ö! w1)*
Geschwister systkin
(s2 Mz)
Gesellschaft samfélag,
-s, -lög *(Ö! s2)*
Gesetz lög *(s2 Mz)*
Gespräch viðtal *(Ö! s2)*
gestern í gær
gesund (Mensch)
heilbrigð|ur, -, -brigt
Gesundheit heilbrigði
(w Ez)
Getränk drykk|ur, -jar,
-ir *(m2)*
getrennt (Bad, Bett)
aðskili|nn, -n, -ð
Gewicht þyngd, -ar *(w3 Ez)*
Gewitter þrumuveður
(A! s2)
gewöhnen (sich)
ven|ja(st), -(st), vandi(st),
vanið(st) *(v5)*
Gewürz krydd *(s2)*

Gift eitur *(A! s2)*
Glas (Material) gler
(s2 Ez)
Glas (Trink-) glas *(Ö! s2)*
glauben trú|a, trúi, -ði,
-að *(v2)*
Gletscher jökul|l, -s,
jöklar *(A! m5)*
Glück haben
ver|a hepp|inn *(m)*,
ver|a hepp|in *(w)*
glücklich sein ver|a
hamingjusam|ur, -söm
(Ö!), -t
glühen gló|a, -i, -ði, -að *(v2)*
Gold gull *(s2 Ez)*
Gott Guð *(m3)*
Gramm gramm *(Ö! s2)*
Gras gras *(Ö! s2)*
gratulieren ósk|a, -að
til hamingju *(v1)*
Grenze (Landes-)
landamæri *(s3 Mz)*
groß stór
Größe (Kleidung)
stærð, -ar, -ir *(w3)*
Großmutter amm|a
(Ö! w1)
Großvater af|i *(m1)*
Gruppe hóp|ur *(m2)*
grüßen heils|a, -að
(3. *v1*)
grüßen, sich heils|ast,
-ast *(v1)*
gültig gildandi (unv.)
gut góð|ur, góð, gott

haben (besitzen) haf|a;
eig|a; ver|a með *(4.)*
Hafen höfn, hafnar,
hafnir *(Ö! w6)*
Haken öngul|l, -s, önglar
(A! m5)
Hälfte helming|ur *(m2)*
Hallenbad sundhöll,
-hallar, -hallir *(w6)*
halten hald|a
Haltestelle biðstöð,
-var, -var *(w3)*
Handschuh vettling|ur
(m2)
Handy, Mobiltelefon
gems|i *(m1)*
hart harð|ur, hörð *(Ö!)*,
hart
Haus hús *(s2)*
Hausfrau húsfrú, -ar, -r *(w)*
Hausherr húsbóndi
(wie: bóndi)
heben lyft|a, -i, -i, lyft *(v2)*
heiß heit|ur
helfen hjálp|a, -að *(v1)*
hell ljós, -, -t
Helm hjálm|ur *(m2)*
Hengst graðhest|ur *(m2)*
Herbst haust *(s2)*
Herr herr|a, -a, -ar *(m)*
herzlich kærleg|ur
heute í dag
hier hér; hérna
Hilfe hjálp, -ar, -ir *(w3)*

hinter bak við *(4.)*
hoch há|r, há, -tt
Hochseeangeln
sjóstangaveiði *(w)*
Hochzeit brúðkaup *(s2)*
hoffen von|a, -að *(v1)*
höflich kurteis
Holz timbur *(s2)*
hören heyr|a, -i, -ði, -t *(v2)*
Hotel hótel *(s2)*
Huf hóf|ur *(m2)*
Hufeisen skeif|a *(w1)*
hungrig (sein) (ver|a)
svang|ur, svöng *(Ö!)*, -t
Hygiene hreinlæti *(s3 Ez)*

I

immer alltaf
in (Ort/Richtung) í *(3./4.)*
in (zeitl.) eftir *(4.)*
Industrie iðnað|ur, -ar
(m2 Ez)
Information
upplýsingamiðstöð,
-var, -var *(w3)*
Insel ey, -jar, -jar *(w3)*
interessant
athyglisverð|ur, -, -vert
interessieren, sich für
haf|a áhuga á *(3.)*
international
alþjóðleg|ur
Islandpullover
lopapeys|a *(w1)*

J

ja já
jagen veið|a, -i, veiddi,
veitt *(v2)*
Jahr ár *(s2)*
Jahreszeit árstím|i *(m1)*
jährlich árleg|ur
jeder hver
jedes Mal í hvert skipti
Jeep jepp|i *(m1)*
jemand einhver
jene(r, s) hinn, hin, hitt
jetzt núna
Jugendherberge
farfuglaheimili *(s3)*
jung ung|ur
Junge strák|ur *(m2)*

K

kalt kald|ur, köld *(Ö!)*, kalt
Kanne kann|a *(Ö! w1)*
kaputt bil|aður, -uð, -að
Karte (Eintritts-) mið|i *(m1)*
Kasse gjaldker|i *(m1)*
kaufen kaup|a, -i, keypti,
keypt *(v3 unreg.)*
kennen þekk|ja, -i, -ti, -t
(v2)
Kescher háf|ur *(m2)*
Kind barn *(Ö! s2)*
Kirche kirkj|a *(w1)*
Kleidung klæðnað|ur,
-ar, -ir *(m2)*

klein lítil|l, lítil, lítið
klug klár
Kneipe krá *(w7)*
kochen eld|a, -að *(v1)*
Kocher prímus, -ar,
-ar *(m3)*
Kochgelegenheit
eldunaraðstað|a *(Ö! w1)*
Koffer ferðatask|a *(Ö! w1)*
kommen kom|a
kompliziert flók|inn,
-in, -ið
können get|a; kunn|a að
Konsulat
ræðismannsstað|a *(Ö! w1)*
kontrollieren
haf|a eftirlit með *(3.)*
Konzert tónleik|ar
(m2 Mz)
kosten (Preis) kost|a,
-að *(v1)*
kosten (probieren)
smakk|a, -að *(v1)*
kostenlos ókeypis
Kraftwerk orkuver *(s2)*
krank veik|ur
Krankenhaus sjúkrahús
(s2)
Krankheit sjúkdóm|ur
(m2)
Kreuzung gatnamót
(s2 Mz)
kühl sval|ur, svöl *(Ö!)*,
svalt
Kühlschrank
kæliskáp|ur *(m2)*

Kunst list, -ar, -ir *(w3)*
kurz stutt|ur, stutt, stutt
küssen kyss|a, -i, -ti, -t *(v2)*

L

lächeln bros|a, -að *(v1)*
lachen über etwas
hlæ|ja að *(3.)*
Lage (geogr.) stað|ur,
  -ar, -ir *(m2)*
Lager (Zelt-) tjaldbúð,
  -ar, -ir *(w3)*
Laken dúk|ur *(m2)*
Lampe lamp|i *(m1)*
Land land *(Ö! s2)*
Landkarte kort *(s2)*
Landschaft landslag,
  -s, -lög *(Ö! s2)*
Landwirtschaft
  landbúnað|ur, -ar, -ir *(m2)*
lang (Entfernung/Zeit)
  lang|ur, löng *(Ö!)*, -t
langsam hæg|ur
langweilig leiðinleg|ur
laufen hlaup|a
laut hávær, -, -t
leben lif|a, -i, -ði, -að *(v2)*
Leben líf *(s2)*
Lebensmittel matvar|a
  (Ö! w1)
ledig ógift|ur
leer tóm|ur
legen legg|ja
lehren kenn|a, -i, -di, -t *(v2)*
Lehrer(in) kennar|i *(m1)*
leicht (n. schwer) létt|ur,
  létt, létt

leicht (n. schwierig)
  auðveld|ur, -, -velt
leihen, sich leig|ja, -i,
  -ði, -t sér *(v2)*
lernen lær|a, -i, -ði, -t *(v2)*
lesen les|a
Leute fólk *(s2)*
Licht ljós *(s2)*
lieben elsk|a, -að *(v1)*
Lied sönglag, -s, sönglög
  (Ö! s2)
liegen ligg|ja
links vinstra megin
Loch hol|a *(w1)*
Lohn (Gehalt) kaup *(s2)*
lügen ljúg|a
lustig skemmtileg|ur

M

machen (tun) ger|a, -i,
  -ði, -t *(v2)*
Mädchen stúlk|a *(w1)*
malen mál|a, -að *(v1)*
man maður
manchmal stundum
Mann karlmaður *(m)*
Markt markað|ur, -ar, -ir
  (m2)
Medikament lyf *(s2)*
Meer haf *(Ö! s2)*
mehr meira
Meldung tilkynning *(w2)*
Menge (Quantität)
  magn *(Ö! s2)*
Mensch maður, manns,
  menn *(m)*
merken, sich
  legg|ja á minnið

mieten leig|ja, -i, -ði, -t *(v2)*
Milch mjólk, -ur *(w3 Ez)*
Minute mínút|a *(w1)*
mir ist schlecht
  mér er flökurt
mit með *(3.)*
Mittag hádegi *(s3)*
Mittag essen
  borð|a hádegismat
mitteilen gef|a til kynna
Mode tísk|a *(w1)*
möglich möguleg|ur
Monat mánuð|ur,
  mánaðar, -ir *(m2)*
morgen á morgun
Morgen morgun|n, -s,
  -gnar *(A! m5)*
Motor vél, -ar, -ar *(w3)*
Motorrad bifhjól *(s2)*
müde þreytt|ur, þreytt,
  þreytt
Müll rusl *(s2 Ez)*
Museum safn *(Ö! s2)*
Musik tónlist, -ar, -ir *(w3)*
müssen þurf|a
Muster munstur
  (munstr|ið *A! s2*)
Mutter móðir, móður,
  mæður *(w)*

N

nach (Richtung) til *(2.)*
nach (zeitl.) eftir *(3.)*
Nachmittag eftir hádegi
Nachricht frétt, -ar, -ir *(w3)*
nächstes Mal
  í næsta skipti

Nacht nótt, nætur, nætur *(w)*
nackt nak|inn, -in, -ið
Nadel nál, -ar, -ar *(w3)*
nah nálæg|ur
Name nafn *(Ö! s2)*
nass blaut|ur
Nationalität þjóðerni *(s3)*
Natur náttúr|a *(w1)*
natürlich (n. künstlich)
   náttúruleg|ur
neben við hliðina á *(3.)*
nehmen tak|a
nein nei
neu ný|r, ný, nýtt
neugierig forvitnileg|ur
nicht ekki
nichts ekkert
niedrig lág|ur
niemals aldrei
niemand enginn
nirgendwo(hin) hvergi
noch ennþá
noch einmal
   aftur einu sinni
Norden norður *(A! s2 Ez)*
nordisch norræn|n
normal eðlileg|ur
notwendig nauðsýnleg|ur
Nummer númer *(s2)*
nur bara
Nuss hnot, -ar, hnetur *(w4)*
nutzen (be-) not|a, -að *(v1)*

ob hvort
oben uppi
Obst ávext|ir *(m6 Mz)*

oder eða
öffnen opn|a, -að *(v1)*
oft oft
ohne án *(2.)*
Öl olí|a *(w1)*
Onkel (mütterl.)
   móðurbróðir *(m)*
Onkel (väterl.)
   föðurbróðir *(m)*
Organ líffæri *(s3)*
organisieren
   skipulegg|ja (wie: legg|ja)
Orkan rok *(s2)*
Ort stað|ur, -ar, -ir *(m2)*
Osten austur *(A! s2 Ez)*
Österreich Austurríki
   (s3 Ez)
Österreicher(in)
   Austurríkismaður *(m)*

paar nokkr|ir, -ar, nokkur
Paar par *(Ö! s2)*
Panne bilun, -ar, bilanir
   (w5)
Papier pappír *(m3)*
parken (Wagen) legg|ja
   bílnum
Pass vegabréf *(s2)*
Patient sjúkling|ur *(m2)*
Pause hlé *(s2)*
Person persón|a *(w1)*
Pferdeverleih
   hestaleig|a *(w1)*
Pflanze plant|a *(Ö! w1)*
Plan skipulagning *(w2)*
Platz pláss *(s2)*

plötzlich allt í einu
Politik stjórnmál *(s2 Mz)*
Polizei lögregl|a *(w1)*
Post(amt) póst|ur *(m2)*
Preis verð *(s2)*
privat einka
Problem vandamál *(s2)*
Programm dagskrá *(w7)*
Prospekt bækling|ur *(m2)*
Pub pöbb, -s, -ar *(m2)*
pünktlich stundvís

Qualität gæði *(s3 Mz)*
Radio útvarpstæki *(s3)*
Rat ráð *(s2)*
rauchen reyk|ja, -i, -ti, -t
   (v2)
Raum rúm *(s2)*
rechnen reikn|a, -að *(v1)*
Rechnung reikning|ur
   (m2)
Recht réttindi *(s2)*
rechts hægra megin
reden tal|a, -að *(v1)*
Regen rigning *(w2 Ez)*
Regenschirm regnhlíf,
   -ar, -ar *(w3)*
registrieren skrá, -i,
   -ði, -ð *(v2)*
reich rík|ur
reif (Obst; Person)
   þroskað|ur, -kuð, -kað
Reifen dekk *(s2)*
Reise ferð, -ar, -ir *(w3)*
reisen ferð|ast, -ast *(v1)*
reiten ríð|a

Reitgerte svip|a *(w1)*
Reittour reiðtúr *(m3)*
rennen hlaup|a
rennen hlaup|a hratt
reparieren ger|a við *(4.)*
Reserverad varahjól *(s2)*
reservieren pant|a,
  -að *(v1)*
Restaurant veitingahús
  (s2)
Rettungswagen
  sjúkrabíl|l *(m5)*
richtig rétt|ur, rétt, rétt
Richtung átt, -ar, -ir *(w3)*
roh hrá|r, hrá, hrátt
Rückfahrt heimferð,
  -ar, -ir *(w3)*
Rucksack bakpok|i *(m1)*
rückständig gamaldags
rufen (schreien)
  hróp|a, -að *(v1)*
Ruhe ró *(w7)*
ruhig róleg|ur

S

Sache hlut|ur, -ar, -ir *(m2)*
sagen seg|ja, -i, sagði,
  sagt *(3. v3)*
Salbe áburð|ur, -ar, -ir *(m2)*
Salz salt *(Ö! s2)*
sammeln safn|a, -að
  (3. v1)
Sandsturm sandfok *(s2)*
satt sadd|ur, södd *(Ö!)*,
  satt

Sattel hnakk|ur *(m2)*
sauber hrein|n, -, -t
säubern hreins|a,
  -að *(v1)*
sauer (Essen, Laune)
  súr, -, -t
Schallplatte hljómplat|a
  (Ö! w1)
scharf (Messer) hvass,
  hvöss *(Ö!)*, hvasst
Scheck tékk|i *(m1)*
schenken gef|a
Schere skæri *(s3 Mz)*
schicken (senden)
  send|a, -i, -i, -t *(v2)*
schießen skjót|a
Schiff skip *(s2)*
schlafen sof|a
Schlafzimmer
  svefnherbergi *(s3)*
schlagen ber|ja, ber,
  barði, barið *(v5)*
schlecht vond|ur, -, vont
Schloss (Tür-) lás *(m3)*
Schlüssel lykil|l, -s,
  lyklar *(A! m5)*
schmackhaft ljúffeng|ur
Schmerz verk|ur, -jar,
  -ir *(m2)*
schmerzen: Es schmerzt.
  Ég finn til.
Schmuck skraut *(s2)*
schmutzig skítug|ur
Schnaps brennivín *(s2 Ez)*
schnell fljót|ur
schon þegar
schön fagur, fögur *(Ö!)*,
  fagurt

schreiben skrif|a, -að *(v1)*
Schuh skó|r, -s, skór
  (m unreg.)
schuldig sek|ur
Schule skól|i *(m1)*
schwanger ófrísk *(w)*
Schweiz Sviss *(s2 Ez)*
Schweizer(in)
  Svisslending|ur *(m2)*
schwer þung|ur
Schwester systir, systur,
  systur *(w)*
schwierig erfið|ur, -, erfitt
schwimmen synd|a, -i,
  synti, synt *(v2)*
schwimmen gehen
  far|a í sund
schwitzen svitn|a, -að
  (v1)
See (der) vatn *(Ö! s2)*
See (die) sjó|r, sjávar
  (m2 Ez)
sehen sjá
sehen, sich sjá|st
Sehenswürdigkeit
  minnismerki *(s3)*
Seife sáp|a *(w1)*
Seil reipi *(s3)*
sein ver|a
seit síðan
Seite (Richtung) átt,
  -ar, -ir *(w3)*
Sekunde sekúnd|a *(w1)*
selbst sjálf|ur
Selbstbeteiligung
  sjálfsábyrgð *(w3)*
selten sjaldan
setzen, sich set|jast,

-ist, -tist, sest *(v3)*
sicher örugg|ur
Sicherheitsgurt
öryggisbelti *(s3)*
Silber silfur *(s2 Ez)*
singen syng|ja
sitzen sit|ja
sitzen (passen) pass|a,
-að *(v1)*
so svona
sofort strax
Sohn son|ur, -ar, synir *(m2)*
solch(e, -er, -es) svoleiðis
(unv.)
sollen eig|a að
Sommer sumar, -s,
sumur *(s2)*
Sonne sól, -ar, -ir *(w3)*
sparen spar|a, -að *(v1)*
Spaß machen ver|a gaman
spät sein|n
spazierengehen
fá sér göngutúr
Speisekarte matseðil|l,
-s, -seðlar *(A! m5)*
spielen leik|a sér
Sport íþrótt, -ar, -ir *(w3)*
Sprache tungumál *(s2)*
sprechen tal|a, -að *(v1)*
spritzen (Med.)
spraut|a, -að *(v1)*
Staatsangehörigkeit
þjóðerni *(s3)*
Stadt borg, -ar, -ir *(w3)*
stark sterk|ur
Steckdose tengil|l, -s,
tenglar *(A! m5)*
stehen stand|a

Steigbügel ístað *(s2)*
Stein stein|n *(m2)*
Stelle (Ort)
stað|ur, -ar, -ir *(m2)*
stellen set|ja, set, setti,
sett *(v4)*
sterben dey|ja
Stimme rödd, raddar,
raddir *(w6)*
Stoff efni *(s3)*
stören trufl|a, -að *(v1)*
Strafe refsing *(w2)*
Strand strönd, strandar,
strandir *(w6)*
Straße gat|a *(Ö! w1)*
Streichhölzer eldspýt|a
(w1)
streiten (sich) ríf|a|st
Stück hlut|i *(m1)*
Stuhl stól|l *(m5)*
Stunde klukkustund,
-ar, -ir *(w3)*
Stute hryss|a *(w1)*
suchen leit|a, -að að
(3. v1)
Süden (Richtung)
suður *(A! s2 Ez)*
Summe upphæð, -ar, -ir
(w3)
Suppe súp|a *(w1)*
süß sæt|ur

Tabak tóbak *(s2 Ez)*
Tablette tafl|a *(Ö! w1)*

Tag dag|ur *(m2)*
täglich dagleg|ur
Tankstelle bensínstöð,
-var, -var *(w3)*
Tante (mütterl.)
móðursystir *(w)*
Tante (väterl.)
föðursystir *(w)*
tanzen dans|a, -að *(v1)*
Tasche task|a *(Ö! w1)*
Taxi leigubíl|l *(m5)*
Telefon sím|i *(m1)*
telefonieren hring|ja, -i,
-di, -t *(v3)*
teuer (Preis) dýr
tief djúp|ur
Tier dýr *(s2)*
Tisch borð *(s2)*
Tochter dótt|ir, dóttur,
dætur *(w)*
Tod dauð|i *(m1)*
Toilette salerni *(s3)*
tot dá|inn, -in, -ið
töten drep|a
Trab brokk *(s2 Ez)*
Tradition hefð, -ar, -ir *(w3)*
tragen ber|a
traurig dapur, döpur *(Ö!)*,
dapurt
treffen (begegnen) hitt|a,
-i, -i, hitt *(v2)*
Treppe stig|i *(m1)*
trinken drekk|a
trocken þurr
tschüss! bless!
tun ger|a, -i, -ði, -t *(v2)*
Tür hurð, -ar, -ir *(w3)*
Turm turn *(m3)*

U

üben æf|a, -i, -ði, -t *(v2)*
über (örtl.) yfir *(3./4.)*
über (zeitl.) í *(4.)*
überall allstaðar
übermorgen hinn daginn
übersetzen (Sprache)
þýð|a, -i, þýddi, þýtt *(v2)*
Übersetzer þýðand|i,
-a, þýðendur *(m)*
Überweisung (Bank)
ávísun, -ar, ávísanir *(w5)*
übrig sein ver|a eftir
Uhr úr *(s2)*
um um *(4.)*
Umgebung umhverfi *(s2)*
Umleitung hjáleið *(w3)*
umtauschen skipt|a, -i,
-i, skipt *(4. v2)*
Umweg krók|ur *(m2)*
Umwelt umhverfi *(s2 Ez)*
um zu til þess að
unbekannt óþekkt|ur,
óþekkt, óþekkt
und og
Unfall slys *(s2)*
unten niðri
unter undir *(3./4.)*
unterhalten (sich)
spjall|a, -að *(v1)*
Unterkunft húsnæði *(s2)*
unterrichten kenn|a,
-i, -di, -t *(v2)*
unterschreiben
skrif|a, -að undir *(v1)*
Urlaub frí *(s2)*

V

Valuta (Devisen)
erlend mynt, -ar, -ar *(w3)*
Vater faðir, föður, feður *(m)*
Ventil ventil|l, -s, ventlar
(A! m5)
verabreden (sich)
bind|a fastmælum
Verabredung
fastmæli *(s3 Mz)*
verabschieden, sich
kveð|jast, -st, kvaddist,
kvaðst *(v5)*
Verbandskasten
sáraumbúðakass|i *(m1)*
verboten bannað|ur,
bönnuð *(Ö!)*, bannað
Verbrechen glæp|ur,
-s, -ir *(m2)*
verdienen vinn|a sér inn
vergessen gleym|a, -i,
-di, -t *(3. v2)*
vergnügen, sich skemmt|a,
-i, -i, skemmt sér *(v2)*
verirren, sich vill|ast,
-ast *(v2)*
verkaufen sel|ja, sel, seldi,
selt *(v4)*
verleihen lán|a, -að *(3. v1)*
verletzt meidd|ur, meidd,
meitt
Verletzung meiðsl *(s2)*
verlieben, sich ver|a
ástfang|inn, -in af *(3.)*
verlieren (Dinge) týn|a,
-i, -di, -t *(3. v2)*

V

vermieten leig|ja, -i,
-ði, -t *(v2)*
Versicherung trygging *(w2)*
verspäten, sich ver|a
sein|n/sein/seint *(m/w/s)*
versprechen, sich
tal|a vitlaust
verstehen skil|ja, skil,
skildi, skilið *(v4)*
versuchen reyn|a, -i, -di, -t
(v2)
viel mikið
viele marg|ir, -ar,
mörg *(Ö! Mz)*
vielleicht kannski
Vogel fugl *(m3)*
Volk þjóð, -ar, -ir *(w3)*
voll full|ur
von (Ort) frá *(3.)*
vor fyrir *(3.)*
vorbereiten
undirbú|a (wie: bú|a)
vorher áður
Vormittag fyrir hádegi
Vorname fornafn *(Ö! s2)*
vorschlagen legg|ja til
Vorsicht varúð, -ar *(w3 Ez)*
vorstellen (jmd.) kynn|a,
-i, -ti, -t *(v2)*
vorstellen, sich
kynn|ast, -ist, -tist, -st *(v2)*
Vulkan eldfjall *(Ö! s2)*

W

wahr sann|ur, sönn *(Ö!)*, satt
während á meðan

Wal hval|ur, -s, -ir *(m2)*
Wand vegg|ur, -jar, -ir *(m2)*
wandern ver|a á gönguferð
Ware var|a *(Ö! w1)*
warm (Luft) hlý|r, hlý, hlýtt
warm (Wasser) volg|ur
warten bíð|a
Waschbecken vask|ur *(m2)*
waschen þvo, þvæ, þvoði, þvegið
Wasser vatn *(Ö! s2 Ez)*
Wasserhahn vatnskran|i *(m1)*
Watte bómull, -ar *(w3 Ez)*
wechseln skipt|a, -i, -i, -um *(4. v2)*
wecken vek|ja, vek, vakti, vakið *(v5)*
Weg veg|ur, -ar, -ir *(m2)*
wegen vegna *(2.)*
weiblich kvenkyns (unv.)
weil því
weinen grát|a
weit langt
wenig lítið
wenn (als) þegar

wenn (falls) ef
werden verð|a
Werkstatt verkstæði *(s3)*
Westen vestur *(A! s2 Ez)*
Wetter veður *(A! s2 Ez)*
Wettervorhersage veðurspá *(w7)*
wichtig mikilvæg|ur
wie (Vergl.) eins og
wieder aftur
wiederholen endurtak|a (wie: tak|a)
Wind vind|ur, -ar, -ar *(m2)*
Winter vetur, vetrar, vetur *(m)*
Winterweg vetrarveg|ur, -ar, -ir *(m2)*
wissen vit|a
Woche vik|a *(w1)*
wohnen bú|a
Wohnung íbúð, -ar, -ir *(w3)*
wollen ætl|a, -að *(v1)*
Wort orð *(s2)*
Wörterbuch orðabók, -ar, -bækur *(w4)*
Wunde sár *(s2)*

wünschen ósk|a, -að *(2. v1)*
Wurm maðk|ur *(m2)*

Z

zahlen borg|a, -að *(v1)*
Zahnarzt tannlækn|ir *(m4)*
Zahnpasta tannsáp|a *(w1)*
Zaumzeug beisli *(s3)*
zeigen sýn|a, -i, -di, -t *(v2)*
Zeit tím|i *(m1)*
Zeitung dagblað, -s, dagblöð *(Ö! s2)*
Zeltplatz tjaldstæði *(s3)*
Zentrum miðj|a *(w1)*
Zigarette sígarett|a *(w1)*
Zimmer herbergi *(s3)*
Zoll toll|ur *(m2)*
zu (nach) til *(2.)*
Zügel taum|ur *(m2)*
zu Fuß fótgangandi
zufrieden ánægð|ur
zurück til baka
zusammen saman
zuviel of mikið
zwischen á milli *(2.)*

Wörterliste Isländisch – Deutsch

**Isländische
alphabetische
Reihenfolge:**

a á b d ð e é f
g h i í j k l m n
o ó p r s t u ú
v x y ý þ æ ö

A

að dass

aðskili|nn, -n, -ð
getrennt (Bad, Bett)

af|i (m1) Großvater

**afklæ|ða(st), -ði(st),
-ddi(st), -dd(-ðst)** (v2)
ausziehen (sich)

afmælisdag|ur (m2)
Geburtstag

afsak|a, -að (v1)
sich entschuldigen

afslátt|ur, -ar (m2 Ez)
Ermäßigung

aftur wieder

aftur einu sinni
noch einmal

ak|a fahren (Auto)

akur, -s, akrar (A! m3)
Feld (Acker)

aldrei niemals

aldur (m3) (Lebens-)Alter

allstaðar überall

allt alles

alltaf immer

allt í einu plötzlich

alþjóðleg|ur
international

amm|a (Ö! w1)
Großmutter

apótek (s2) Apotheke

atburð|ur, -ar, -ir (m2)
Ereignis

athyglisverð|ur, -, -vert
interessant

atvinn|a (w1) Beruf

auðveld|ur, -, -velt
leicht (nicht schwierig)

Austurríki (s3 Ez)
Österreich

Austurríkismaður (m)
Österreicher(in)

austur (A! s2 Ez) Osten

Á

á (3./4.) an, auf

áburð|ur, -ar, -ir (m2)
Salbe

áður vorher

áður en bevor

áfengi (s3 Ez) Alkohol

á meðan während

á milli (2.) zwischen

á morgun morgen

á móti (3.) gegen

á móts við (4.)
gegenüber

án (2.) ohne

ánægð|ur zufrieden

árangur (A! m3) Erfolg

áríðandi dringend

árleg|ur jährlich

ár (s2) Jahr

árstím|i (m1) Jahreszeit

átt, -ar, -ir (w3) Seite,
Richtung

ávextir (m6 Mz) Obst

ávísun, -ar, ávísanir (w5)
Überweisung (Bank)

ávöxt|ur (m6) Frucht

B

bað|a, -að sig (v1)
baden (Wanne)

baðherbergi (s3)
Badezimmer

bakpok|i (m1) Rucksack

bak við (4.) (da)hinter

bank|i (m1) Bank (Geld)

bannað|ur, bönnuð (Ö!),
bannað verboten

bar, -s, -ir (m2) Bar

bara nur

barn (Ö! s2) Kind

barnabarn, -s, -börn
(Ö! s2) Enkel(in)

bát|ur (m2) Boot

bækling|ur (m2) Prospekt

bæ|r, -jar, -ir (m4)
Ansiedlung, Dorf

beiðn|i, -i, -ar *(w)* Bitte
beint áfram geradeaus
beisli *(s3)* Zaumzeug
bekk|ur, -jar, -ir *(m2)* (Sitz-)Bank
bensín *(s2)* Benzin
bensínstöð, -var, -var *(w3)* Tankstelle
ber|a tragen
ber|ja, ber, barði, barið *(v5)* schlagen
betur besser *(Adv.)*
bið|ja bitten
biðstöð, -var, -var *(w3)* Haltestelle
bifhjól *(s2)* Motorrad
bilun, -ar, bilan|ir *(w5)* Panne
bind|a fastmælum verabreden (sich)
bíð|a warten
bil|aður, -uð, -að kaputt
bílaleig|a *(w1)* Autoverleih
bílaverkstæði *(s3)* Autowerkstatt
bíl|l *(m5)* Auto
bjóð|a heim *(3.)* einladen
bjór *(m3)* Bier
blað *(Ö! s2)* Blatt
blaut|ur nass
blá|r blau
blóm *(s2)* Blume
borð *(s2)* Tisch
borð|a, -að *(v1)* essen

borð|a hádegismat Mittag essen
borð|a morgunmat frühstücken
borg, -ar, -ir *(w3)* Stadt
borg|a, -að *(v1)* (be)zahlen
bók, -ar, bækur *(w4)* Buch
bók|a, -að *(v1)* buchen
bókstaf|ur, -s, -ir *(m2)* Buchstabe
bómull, -ar *(w3 Ez)* Watte
bónd|i, -a, bændur *(m)* Bauer
brauð *(s2)* Brot
bráðum bald
breið|ur, breið, breitt breit
brenn|a brennen
brennivín *(s2 Ez)* Schnaps
Bret|i *(m1)* Engländer(in)
Bretland *(s2 Ez)* England
bréf *(s2)* Brief
bros|a, -að *(v1)* lächeln
brottför *(w6)* Ausreise
bróð|ir, bróður, bræð|ur *(m)* Bruder
brokk *(s2 Ez)* Trab
brú, -ar, brý|r *(w4)* Brücke
brúðkaup *(s2)* Hochzeit
bú|a wohnen
bú|inn, -nn, -ð fertig
bygging *(w2)* Gebäude
bygg|ja, -i, -ði, -t *(v2)* bauen
byrj|a, -að *(v1)* anfangen

D

daðr|a, -að *(v1)* flirten
dagblað, -s, dagblöð *(Ö! s2)* Zeitung
dagleg|ur täglich
dagsetning *(w2)* Datum
dagskrá *(w7)* Programm
dag|ur *(m2)* Tag
dans|a, -að *(v1)* tanzen
dapur, döpur *(Ö!)***, dapurt** traurig
dauð|i *(m1)* Tod
dá|inn, -in, -ið tot
dæmi *(s3)* Beispiel
dekk *(s2)* Reifen
deyfing *(w2)* Betäubungsspritze
dey|ja sterben
djúp|ur tief
dótt|ir, dóttur, dætur *(w)* Tochter
drag|a abschleppen
dráttartaug|ur *(m2)* Abschleppseil
drekk|a trinken
drep|a töten
drykk|ur, -jar, -ir *(m2)* Getränk
dugleg|ur fleißig
dúk|ur *(m2)* Laken
dvöl *(w6)* Aufenthalt
dýr teuer *(Preis)*
dýr *(s2)* Tier
dökk|ur dunkel
dömubindi *(s3)* Damenbinde

E

eða oder
eðlilategur normal
ef wenn, falls
efni (s3) Stoff
eftir (3.) nach (zeitl.)
eftir (4.) in (zeitl.)
eftir hádegi Nachmittag
egg (s2) Ei
eig|a haben, besitzen
eig|a að sollen
eigand|i, -a, eigendur
  (m) Besitzer
eiginkon|a (w1) Ehefrau
eiginmaður (m)
  Ehemann
eign, -ar, -ir (w3)
  Eigentum
einfald|ur, -föld (Ö!),
  -falt einfach
einhver jemand
einka privat
einn, ein, eitt allein
eins og wie (Vergl.)
einu sinni einmal
eitur (A! s2) Gift
ekkert nichts
ekki nicht
ekta (unv.) echt
eld|a, -að (v1) kochen
eldfjall (Ö! s2) Vulkan
eldgos (s2) Ausbruch
  (Vulkan-)
eldspýt|a (w1)
  Streichhölzer
eldunaraðstað|a (Ö! w1)
  Kochgelegenheit

eld|ur (m2) Brand, Feuer
elsk|a, -að (v1) lieben
en aber
end|ir (m4) Ende
endurtak|a (wie: tak|a)
  wiederholen
enginn niemand
ennþá noch
ensk|a (w1) Englisch
erfið|ur, -, erfitt schwierig
erlend mynt, -ar, -ar (w3)
  Valuta (Devisen)
erlend|ur, -, erlent
  fremd; ausländisch
eyðublað (Ö! s2)
  Formular
ey, -jar, -jar (w3) Insel

F

faðir, föður, feður (m)
  Vater
fagur, fögur (Ö!), **-t**
  schön
far|a gehen
far|a af stað abreisen,
  abfliegen, abfahren
far|a á fætur aufstehen
far|a inn í (4.) eintreten,
  einsteigen
far|a í sund
  schwimmen gehen
farangur (A! m3) Gepäck
far|a út úr (3.)
  aussteigen
farfuglaheimili (s3)
  Jugendherberge

fargjald, -s, -gjöld
  (Ö! s2) Fahrpreis
farmið|i (m1) Fahrkarte
farseðil|l, -s, -seðlar
  (A! m5) Flugticket
fastmæli (s3 Mz)
  Verabredung
fast|ur, föst (Ö!), **fast** fest
fat|a (Ö! w1) Eimer
fá erhalten
fá sér göngutúr
  spazierengehen
fátæk|ur arm
fá upplýsingar
  sich erkundigen
ferðaáætlun, -ar, -ir (w5)
  Fahrplan
ferð, -ar, -ir (w3) Reise
ferð|ast, -ast (v1) reisen
ferðatask|a (Ö! w1)
  Koffer
ferj|a (w1) Fähre
fersk|ur frisch (Obst)
film|a (w1) Film
fingur, -s, fingur (m)
  Finger
finn|a finden
fisk|ur (m2) Fisch
fjallgang|a (Ö! w1)
  Berg- / Hochlandtour
fjallgarð|ur (m2) Gebirge
fjarlæg|ur fern
fjölskyld|a (w1) Familie
flask|a (Ö! w1) Flasche
fljót|ur schnell
fljúg|a fliegen
flók|inn, -in, -ið
  kompliziert

flug|a *(w1)* Fliege
(auch zum Fischen)
flugvél, -ar, -ar *(w3)*
Flugzeug
flugvöll|ur *(m6)* Flughafen
flýt|a, -i, -ti, -t sér *(v2)*
sich beeilen
foreldr|ar *(m2 Mz)* Eltern
fornafn *(Ö! s2)* Vorname
forvitnileg|ur neugierig
fólk *(s2)* Leute
fótgangandi zu Fuß
fót|ur, -ar, fæt|ur *(m)* Fuß
Frakk|i *(m1)* Franzose,
Französin
Frakkland *(s2 Ez)*
Frankreich
framburð|ur, -ar, -ir *(m2)*
Aussprache
fransk|a *(w1)* Französisch
frá *(3.)* von (Ort)
frábær ausgezeichnet
frétt, -ar, -ir *(w3)*
Nachricht
frið|ur, -ar *(m2 Ez)* Frieden
frí *(s2)* Ferien, Urlaub
frjáls frei
frjós|a gefrieren
fræg|ur berühmt
fugl *(m3)* Vogel
full|ur voll
fylg|ja, -i, -di, -t *(v2)*
begleiten
fyrir *(3.)* vor
fyrir *(3./4.)* für
fyrir *(4.)* dafür
fyrir hádegi Vormittag
fær befahrbar

færð, -ar, -ir *(w3)*
Befahrbarkeit
föðurbróðir *(m)*
Onkel (väterl.)
föðursystir *(w)*
Tante (väterl.)

G

gamaldags rückständig
gamal|l, gömul *(Ö!),*
gamalt alt (nicht neu)
garð|ur *(m2)* Garten
gas *(Ö! s2)* Gas
gashylki *(s3)*
Gaskartusche
gat|a *(Ö! w1)* Straße
gatnamót *(s2 Mz)*
Kreuzung
gef|a geben, schenken
gef|a til kynna mitteilen
gems -i *(m1)* Handy,
Mobiltelefon
ger|a, -i, -ði, -t *(v2)*
machen, tun
ger|a við *(4.)* reparieren
gestgjaf|i *(m1)*
Gastgeber
gestrisni *(w Ez)*
Gastfreundschaft
gest|ur, -s, -ir *(m2)* Gast
get|a können
gildandi *(unv.)* gültig
girni *(s3)* Angelschnur
gjald *(Ö! s2)* Gebühr
gjaldker|i *(m1)* Kasse
gjarnan gern
gjöf *(w6)* Geschenk

glað|ur, glöð *(Ö!),* **glatt**
fröhlich
glas *(Ö! s2)* (Trink)Glas
gleð|jast, -st, gladdist,
glaðst *(v5)* sich freuen
gler *(s2 Ez)* Glas (Material)
gleraug|u *(s1 Mz)* Brille
gleym|a, -i, -di, -t *(3. v2)*
vergessen
gló|a, -i, -ði, -að *(v2)*
glühen
glugg|i *(m1)* Fenster
glæp|ur, -s, -ir *(m2)*
Verbrechen
gos *(s2)* Ausbruch (Geysir)
góð|ur, góð, gott gut
gramm *(Ö! s2)* Gramm
gras *(Ö! s2)* Gras
grát|a weinen
graðhest|ur *(m2)* Hengst
grænmeti *(s3)* Gemüse
gröft|ur *(m6)* Eiter
Guð *(m3)* Gott
gull *(s2 Ez)* Gold
gæði *(s3 Mz)* Qualität

H

haf *(Ö! s2)* Meer
haf|a haben, besitzen
haf|a áhuga á *(3.)*
sich interessieren für
haf|a eftirlit með *(3.)*
kontrollieren
hald|a halten
hald|a hátíðlegt *(4.)*
feiern

hál|i, hál, hált eisglatt

harð|ur, hörð (Ö!), hart hart

haust (s2) Herbst

hádegi (s3) Mittag

háf|ur (m2) Kescher

há|r, há, hátt hoch; laut

hátíð, -ar, -ir (w3) Fest, Feier

hávær, -, -t lärmend

hefð, -ar, -ir (w3) Tradition

heilbrigði (w Ez) Gesundheit

heilbrigð|ur, -, -brigt gesund (Mensch)

heil|l ganz

heils|a, -aði (3. v1) (be)grüßen

heils|ast, -ast (v1) sich grüßen

heimboð (s2) Einladung

heimferð, -ar, -ir (w3) Rückfahrt

heimilisfang (s2 Ö!) Adresse

heimsk|ur dumm

heimsókn, -ar, -ir (w3) Besuch

heimsæk|ja (wie: sæk|ja) besuchen

heit|ur heiß

heldur en als (Vergleich)

helming|ur (m2) Hälfte

herbergi (s3) Zimmer

herr|a, -a, -ar (m) Herr

hestaleig|a (w1) Pferdeverleih

heyr|a, -i, -ði, -t (v2) hören

hér hier

hérna hier

hinn daginn übermorgen

hinn, hin, hitt jene(r, s)

hit|i (m1) Fieber

hitt|a, -i, -i, hitt (v2) treffen (begegnen)

hitt|ast, -ist, -ist, hist (v2) sich begegnen

hjá (3.) bei

hjáleið (w3) Umleitung

hjálm|ur (m2) Helm

hjálp, -ar, -ir (w3) Hilfe

hjálp|a, -að (v1) helfen

hjón (s2 Mz) Ehepaar

hlaup|a laufen, rennen

hlaup|a hratt rennen

hlé (s2) Pause

hljómplat|a (Ö! w1) Schallplatte

hlut|i (m1) Stück

hlut|ur, -ar, -ir (m2) Ding, Sache

hlý|r, hlý, -tt warm (Luft)

hlæ|ja að (3.) lachen über etw.

hnakk|ur (m2) Sattel

hnot, -ar, hnetur (w4) Nuss

hóf|ur (m2) Huf

hol|a (w1) Loch

hóp|ur (m2) Gruppe

hótel (s2) Hotel

hrá|r, hrá, hrátt roh

hreinlæti (s3 Ez) Hygiene

hrein|n sauber

hreins|a, -að (v1) säubern

hring|ja, -i, -di, -t (v3) telefonieren

hróp|a, -að (v1) rufen (schreien)

hryss|a (w1) Stute

hugguleg|ur gemütlich

hugs|a, -að (v1) denken

hurð, -ar, -ir (w3) Tür

hús (s2) Haus

húsbóndi (wie: bóndi) Hausherr

húsfrú, -ar, -r (w) Hausfrau

húsnæði (s2) Unterkunft

hval|ur, -s, -ir (m2) Wal

hvass, hvöss (Ö!), -t scharf (Messer)

hver jeder

hvergi nirgendwo(hin)

hvíl|a, -i, -di, -t sig (v2) sich ausruhen

hvorn annan einander

hvort ob

höfn, hafnar, hafnir (Ö! w6) Hafen

hæð, -ar, -ir (w3) Etage

hægra megin rechts

hæg|ur langsam

hætt|a, -i, -i, hætt (3. v2) aufhören

hættuleg|ur gefährlich

I

iðnað|ur, -ar (m2 Ez) Industrie

innbrot (s2) Einbruch

inngang|ur (m2) Eingang

Í

í *(3./4.)* in (Ort/Richtung)
í *(4.)* über (zeitl.)
íbúð, -ar, -ir *(w3)*
  Wohnung
íbú|i *(m1)* Einwohner
í dag heute
í gær gestern
í hvert skipti
  jedes Mal
í næsta skipti
  nächstes Mal
ís *(m3)* (Speise)Eis
ístað *(s2)* Steigbügel
íþrótt, -ar, -ir *(w3)*
  Sport

J

jarðhit|i *(m1)* Erdwärme
jarðskjálft|i *(m1)*
  Erdbeben
já ja
jepp|i *(m1)* Jeep
jökul|l, -s, -klar *(A! m5)*
  Gletscher
jörð *(w6)* Erde

K

kaffibrauð *(s2)* Gebäck
kald|ur, köld *(Ö!)*, **kalt** kalt
kann|a *(Ö! w1)* Kanne
kannski vielleicht
karlmaður *(m)* Mann
kaup *(s2)* Lohn, Gehalt

kaup|a, -i, keypti, keypt
  (v3) kaufen
kenn|a, -i, -di, -t *(v2)*
  unterrichten, lehren
kennar|i *(m1)* Lehrer(in)
kirkj|a *(w1)* Kirche
kjöt *(s2)* Fleisch
klár klug
klef|i *(m1)* Abteil
klukkustund, -ar, -ir *(w3)*
  Stunde
klæðnað|ur, -ar, -ir *(m2)*
  Kleidung
kom|a (an)kommen
kom|a *(w1)* Ankunft
kom|a með *(4.)* bringen
kon|a *(w1)* Frau
kort *(s2)* Landkarte
kost|a, -að *(v1)* kosten
  (Preis)
kunn|a að können
krá *(w7)* Kneipe
krók|ur *(m2)* Umweg
krydd *(s2)* Gewürz
kurteis höflich
kvart|a, -að undan
  (3. v1) sich beschweren
kveð|jast, -st,
  kvaddist, kvaðst *(v5)*
  sich verabschieden
kveikjar|i *(m1)*
  Feuerzeug
kvenkyns (unv.)
  weiblich
kvöld *(s2)* Abend
kvöldmat|ur, -ar, -ar
  (m2) Abendessen
kynn|a, -i, -ti, -t *(v2)*
  vorstellen (jmd.)

kynn|a, -i, -ti, -t sig *(v2)*
  sich bekanntmachen
kynn|ast, -ist, -tist, -st
  (v2) sich vorstellen
kyss|a, -i, -ti, -t *(v2)*
  küssen
kæliskáp|ur *(m2)*
  Kühlschrank
kærleg|ur herzlich

L

lamp|i *(m1)* Lampe
land *(Ö! s2)* Land
landamæri *(s3 Mz)*
  (Landes-)Grenze
landbúnað|ur, -ar, -ir
  (m2) Landwirtschaft
landslag, -s, landslög
  (Ö! s2) Landschaft
langt weit
lang|ur, löng *(Ö!)*, **-t**
  lang (Entf./Zeit)
lat|ur, löt *(Ö!)*, **latt**
  faul (träge)
lág|ur niedrig
lán|a, -að *(3. v1)*
  verleihen
lás *(m3)* Schloss (Tür-)
lát|a vita
  benachrichtigen
legg|ja legen
legg|ja á minnið
  sich merken
legg|ja bílnum
  parken (Wagen)
legg|ja til vorschlagen
leiðinleg|ur langweilig

leiðsögn *(w6)* Führung

leiðsögumaður, -manns, -menn *(m)* Führer

leig|ja, -i, -ði, -t *(v2)* (ver)mieten

leig|ja, -i, -ði, -t sér *(v2)* sich leihen

leigubíl|l *(m5)* Taxi

leik|a sér spielen

leit|a, -að að *(3. v1)* suchen

les|a lesen

leyf|a, -i, -ði, -t *(v2)* erlauben

leyfi *(s3)* Erlaubnis

létt|ur, -, - leicht (nicht schwer)

lif|a, -i, -ði, -að *(v2)* leben

ligg|ja liegen

list, -ar, -ir *(w3)* Kunst

lítil|l, lítil, lítið klein

litrík|ur bunt

lit|ur, -ar, -ir *(m2)* Farbe

líð|a *(3.)* sich fühlen

líf *(s2)* Leben

líffæri *(s3)* Organ

líka auch

lítið wenig

ljós, -, -t hell

ljós *(s2)* Licht

ljósmyndavél, -ar, -ar *(w3)* Fotoapparat

ljúffeng|ur schmackhaft

ljúg|a lügen

ljúk|a *(3.)* beenden

lokað|ur, lokuð, lokað geschlossen

lopapeys|a *(w1)* Islandpullover

lyf *(s2)* Medikament

lyft|a, -i, -i, lyft *(v2)* heben

lykil|l, -s, -klar *(A! m5)* Schlüssel

lækn|ir *(m4)* Arzt

lær|a, -i, -ði, -t *(v2)* lernen

lög *(s2 Mz)* Gesetz

lögregl|a *(w1)* Polizei

M

maðk|ur *(m2)* Wurm

maður man

maður, manns, menn *(m)* Mensch; Mann

magn *(Ö! s2)* Menge (Quantität)

marg|ir, -ar, mörg *(Ö! Mz)* viele

markað|ur, -ar, -ir *(m2)* Markt

matseðil|l, -s, -ðlar *(A! m5)* Speisekarte

mat|ur, -ar, -ar *(m2)* Essen (Mahlzeit)

matvar|a *(Ö! w1)* Lebensmittel

mál|a, -að *(v1)* malen

mánuð|ur, mánaðar, -ir *(m2)* Monat

með *(3.)* mit

meðhöndl|a, -að *(v1)* behandeln (Krankheit)

meg|a dürfen

meidd|ur, meidd, meitt verletzt

meiðsl *(s2)* Verletzung

meira mehr

mér er flökurt mir ist schlecht

mið|i *(m1)* Eintrittskarte

miðj|a *(w1)* Zentrum

mikið viel

mikilvæg|ur wichtig

minnisgrip|ur, -s, -ir *(m2)* Andenken

minnismerki *(s3)* Denkmal

mínút|a *(w1)* Minute

mjólk, -ur *(w3 Ez)* Milch

morgun|n, -s, -gnar *(A! m5)* Morgen

móðg|a, -að *(v1)* beleidigen

móðir, móður, mæður *(w)* Mutter

móðurbróðir *(m)* Onkel (mütterl.)

móðursystir *(w)* Tante (mütterl.)

mun|a eftir *(3.)* sich erinnern

mynd, -ar, -ir *(w3)* Bild

munstur *(A! s2)* Muster

mæl|a, -i, -ti, -t með *(3. v2)* empfehlen

möguleg|ur möglich

N

nafn *(Ö! s2)* Name

nak|inn, -in, -ið nackt

nauðsýnleg|ur notwendig

ná, næ, náði, náð sér *(v2)* sich erholen

nákvæm|ur genau

nál, -ar, -ar *(w3)* Nadel
nálæg|ur nah
náttúr|a *(w1)* Natur
náttúruleg|ur natürlich
(nicht künstlich)
nei nein
niðri unten
niðurgang|ur *(m2)*
Durchfall
nokkr|ir, -ar, nokkur
paar, einige
nokkuð etwas
norður *(A! s2 Ez)* Norden
norræn|n nordisch
not|a, -að *(v1)* (be)nutzen
nóg (unv.) genug
nótt, nætur, nætur *(w)*
Nacht
númer *(s2)* Nummer
núna jetzt
ný|r, ný, nýtt neu

O

of mikið zuviel
oft oft
og und
olí|a *(w1)* Öl
opn|a, -að *(v1)* öffnen
orð *(s2)* Wort
orðabók, -ar, -bækur
(w4) Wörterbuch
orkuver *(s2)* Kraftwerk

Ó

ódýr billig
ófrísk *(w)* schwanger
ógiftur ledig

ókeypis kostenlos
ónýt|ur kaputt; faul (Obst)
ósk|a, -að *(2. v1)*
wünschen
ósk|a, -að til hamingju
(v1) gratulieren
ótt|ast, -ast *(2. v1)*
sich fürchten (vor)
ótt|i *(m1)* Angst
óþekkt|ur, -, - unbekannt

P

pant|a, -að *(v1)*
reservieren, bestellen
pappír *(m3)* Papier
par *(Ö! s2)* Paar
pass|a, -að *(v1)* sitzen
(passen)
pening|ar *(m2 Mz)* Geld
persón|a *(w1)* Person
plant|a *(Ö! w1)* Pflanze
pláss *(s2)* Platz
póst|ur *(m2)* Post(amt)
pöbb, -s, -ar *(m2)* Pub
pöntun, -ar, pantanir
(Ö! w5) Bestellung
prímus, -ar, -ar *(m3)*
Kocher

R

rafgeym|ir *(m4)* Batterie
ráð *(s2)* Rat
rak|ur, rök *(Ö!), -t** feucht
refs|a, -að *(3. v1)*
bestrafen
regnhlíf, -ar, -ar *(w3)*
Regenschirm

reiðhjól *(s2)* Fahrrad
reiðu|fé, -fjár *(s Ez)*
Bargeld
reikn|a, -að *(v1)* rechnen
reikning|ur *(m2)*
Rechnung
reipi *(s3)* Seil
reyk|ja, -i, -ti, -t *(v2)*
rauchen
reyn|a, -i, -di, -t *(v2)*
versuchen
réttindi *(s3)* Recht
rétt|ur, -, - richtig
reiðtúr *(m3)* Reittour
rigning *(w2 Ez)* Regen
ríð|a reiten
ríf|ast sich streiten
ríkisborgar|i *(m1)*
Staatsbürger
rík|ur reich
rok *(s2)* Orkan
ró *(w7)* Ruhe
róleg|ur ruhig
rusl *(s2 Ez)* Müll
rúm *(s2)* Raum; Bett
rúmföt *(s2 Mz)* Bettzeug
rúmteppi *(s3)*
(Bett-)Decke
rút|a *(w1)* (Überland-)Bus
ræðismannsstað|a
(Ö! w1) Konsulat
rödd, raddar, raddir *(w6)*
Stimme

S

sadd|ur, södd *(Ö!)*, **satt**
satt
safn *(Ö! s2)* Museum

safn|a, -að *(3. v1)*
sammeln

saga *(Ö! w1)* Geschichte
(Hist./Erzähl.)

salerni *(s3)* Toilette

salt *(Ö! s2)* Salz

saman zusammen

samfélag, -s, -lög
(Ö! s2) Gesellschaft

sammála einverstanden

sandfok *(s2)* Sandsturm

sann|ur, sönn *(Ö!)*, **satt**
wahr

sáp|a *(w1)* Seife

sár *(s2)* Wunde

sáraumbúðakass|i
(m1) Verbandskasten

seg|ja, -i, sagði, sagt
(3. v3) sagen

seg|ja, -i, sagði, sagt
frá *(3. v3)* erzählen

sein|n spät

sekúnd|a *(w1)* Sekunde

sek|ur schuldig

sel|ja, sel, seldi, selt *(v4)*
verkaufen

send|a, -i, -i, -t *(v2)*
schicken, senden

sendiráð *(s2)*
Botschaft (dipl.)

set|ja, set, setti, sett *(v4)*
stellen

set|jast, -ist, -tist, sest
(v3) sich setzen

silfur *(s2 Ez)* Silber

sit|ja sitzen

síðan dann; seit

sígarett|a *(w1)* Zigarette

sím|i *(m1)* Telefon

sjaldan selten

sjá sehen

sjálfsábyrgð *(w3)*
Selbstbeteiligung

sjálf|ur selbst

sjá|st sich sehen

sjónvarpstæki *(s3)*
Fernsehgerät

sjó|r, sjávar *(m2 Ez)*
See (die)

sjóstangaveiði *(w)*
Hochseeangeln

sjúkdóm|ur *(m2)*
Krankheit

sjúkling|ur *(m2)* Patient

sjúkrabíl|l *(m5)*
Rettungswagen

sjúkrahús *(s2)*
Krankenhaus

skeif|a *(w2)* Hufeisen

skemmt|a, -i, -i,
skemmt sér *(v2)*
sich vergnügen

skemmtileg|ur lustig

skil|a, -að *(3. v1)*
abgeben

skil|ja, skil, skildi, skilið
(v4) verstehen

skilríki *(s3 Mz)*
Dokument(e), Ausweis

skip *(s2)* Schiff

skipt|a, -i, -i, skipt *(4. v2)*
umtauschen

skipt|a, -i, -i, um
(4. v2) wechseln

skipulagning *(w2)* Plan

skipulegg|ja (wie: legg|ja)
organisieren

skítug|ur schmutzig

skjót|a schießen

skoð|a, -að *(v1)*
besichtigen

skordýr *(s2)* Insekt

skól|i *(m1)* Schule

skó|r, -s, skór *(m unreg.)*
Schuh

skraut *(s2)* Schmuck

skrá, -i, -ði, -ð *(v2)*
registrieren

skrif|a, -að *(v1)* schreiben

skrif|a, -að undir *(v1)*
unterschreiben

skrifstof|a *(w1)* Büro

skæri *(s3 Mz)* Schere

slys *(s2)* Unfall

smakk|a, -að *(v1)*
kosten, probieren

snemma früh (Adv.)

snið *(s2)* Stil (Kunst)

sof|a schlafen

sól, -ar, -ir *(w3)* Sonne

son|ur, -ar, synir *(m2)*
Sohn

spar|a, -að *(v1)* sparen

spjall|a, -að saman *(v1)*
(sich) unterhalten

spraut|a, -að *(v1)*
spritzen (Med.)

spún|n *(m5)*
Blinker (Angel)

spurning *(w2)* Frage

spyr|ja, spyr, spurði, spurt
(v5) fragen

staðfesting *(w2)*
á flugi tilbaka
Flugrückbestätigung

stað|ur, -ar, -ir *(m2)*
Lage (geogr.), Stelle, Ort

stand|a stehen
starf *(s2)* Arbeit
stein|n *(m2)* Stein
sterk|ur stark
stig|i *(m1)* Treppe
stig|ur, -s, -ir *(m2)* Gasse
stjórnmál *(s2 Mz)* Politik
stól|l *(m5)* Stuhl
stór groß
strák|ur *(m2)* Junge
strax sofort
strætó, -s, -ar *(m3)*
(Stadt-)Bus
strönd, strandar,
strandir *(w6)* Strand
stundum manchmal
stundvís pünktlich
stutt|ur, -, - kurz
stúlk|a *(w1)* Mädchen
stærð, -ar, -ir *(w3)* Größe
stöðv|a, -að *(v1)* anhalten
stökk *(s2)* Galopp
suður *(A! s2 Ez)* Süden
(Richtung)
sumar, -s, sumur *(s2)*
Sommer
sundbol|ur, -s, -ir *(m2)*
Badeanzug
sundhöll, -hallar, -hallir
(w6) Hallenbad
sundskýl|a *(w1)*
Badehose
súp|a *(w1)* Suppe
súr, -, -t sauer (Essen)
sval|ur, svöl *(Ö!), -t* kühl
svang|ur, svöng *(Ö!), -t*
hungrig
svar *(Ö! s2)* Antwort
svar|a, -að *(v1)* antworten

svefnherbergi *(s3)*
Schlafzimmer
Sviss *(s2 Ez)* Schweiz
Svisslending|ur *(m2)*
Schweizer(in)
svitn|a, -að *(v1)*
schwitzen
svip|a *(w1)* Reitgerte
svoleiðis *(unv.)*
solch(e, -er, -es)
svolítið bisschen
svona so
svæði *(s2)* Gegend
synd|a, -i, synti, synt *(v2)*
schwimmen
syng|ja singen
systir, systur, systur
(w) Schwester
systkin *(s2 Mz)*
Geschwister
sýn|a, -i, -di, -t *(v2)*
zeigen
sýning *(w2)* Ausstellung
sæt|ur süß
sönglag *(Ö! s2)* Lied
sönnun, -ar, sannanir
(Ö! w5) Beweis

T

tafl|a *(Ö! w1)* Tablette
tak|a *(4.)* nehmen; dauern
tak|a á móti *(3.)* empfangen
tak|a ljósmynd af *(3.)*
fotografieren
takk fyrir! danke!
tal|a, -að *(v1)* reden,
sprechen

tal|a vitlaust
sich versprechen
tannlækn|ir *(m4)* Zahnarzt
tannsáp|a *(w1)* Zahnpasta
task|a *(Ö! w1)* Tasche
taum|ur *(m2)* Zügel
tengil|l, -s, tenglar
(A! m5) Steckdose
tékk|i *(m1)* Scheck
til *(2.)* bis, nach
(Richtung), zu
til baka zurück
tilfinning *(w2)* Gefühl
tilkynn|a, -i, -ti, -t *(v2)*
anmelden
tilkynning *(w2)* Meldung
til þess að damit, um zu
timbur *(s2)* Holz
tím|i *(m1)* Zeit
tísk|a *(w1)* Mode
tjaldbúð, -ar, -ir *(w3)*
(Zelt)Lager
tjaldstæði *(s3)* Zeltplatz
toll|ur *(m2)* Zoll
tóbak *(s2 Ez)* Tabak
tóm|ur leer
tónleik|ar *(m2 Mz)*
Konzert
tónlist, -ar, -ir *(w3)*
Musik
trufl|a, -að *(v1)* stören
trú|a, trúi, -ði, -að *(v2)*
glauben
trygging *(w2)* Versicherung
tungumál *(s2)* Sprache
turn *(m3)* Turm
túlk|ur *(m2)* Dolmetscher
týn|a, -i, -di, -t *(3. v2)*
verlieren (Dinge)

U

um *(4.)* um
umferðarljós *(s2)* Ampel
umferðamiðstöð, -var,
  -var *(w3)* Busbahnhof
umhverfi *(s2 Ez)* Umwelt,
  Umgebung
um það bil etwa (ungefähr)
undir *(3./4.)* unter
undirbú|a *(wie: bú|a)*
  vorbereiten
ung|ur jung
upphæð, -ar, -ir *(w3)*
  Summe
uppi oben
upplýsing *(w2)* Auskunft
upplýsingamiðstöð,
  -var, -var *(w3)* Information
úr *(3.)* aus
úr *(s2)* Uhr
útgang|ur *(m2)* Ausgang
útisundlaug, -ar, -ar *(w3)*
  Freibad
útlending|ur *(m2)*
  Ausländer
útlönd *(s2 Mz)* Ausland
útskýr|a, -i, -ði, -t *(v2)*
  erklären
útvarpstæki *(s3)* Radio

V

vakn|a, -að *(v1)* aufwachen
vandamál *(s2)* Problem
var|a *(Ö! w1)* Ware
varahjól *(s2)* Reserverad
varahlut|i *(m1)* Ersatzteil

varpland *(Ö! s2)*
  Vogelbrutgebiet
varúð, -ar *(w3 Ez)* Vorsicht
vask|ur *(m2)* Waschbecken
vatn *(Ö! s2)* See (der)
vatn *(Ö! s2 Ez)* Wasser
veður *(A! s2 Ez)* Wetter
veðurspá *(w7)*
  Wettervorhersage
vegabréf *(s2)* Pass
vegg|ur, -jar, -ir *(m2)* Wand
vegna *(2.)* wegen
veg|ur, -ar, -ir *(m2)* Weg
veið|a, -i, veiddi, veitt
  (v2) fischen; jagen
veiðileyfi *(s3)* Angellizenz
veiðistöng *(w6)* Angel
veik|ur krank
veitingahús *(s2)*
  Gaststätte, Restaurant
vek|ja, vek, vakti, vakið
  (v5) wecken
venj|a *(w1)* Brauch
ven|ja(st), -(st), vandi(st),
  vanið(st) *(v5)*
  (sich) gewöhnen
ventil|l, -s, ventlar *(A! m5)*
  Ventil
ver|a sein
ver|a á gönguferð wandern
ver|a ástfang|inn, -in af
  (3.) sich verlieben in
ver|a eftir übrig sein
ver|a gaman Spaß machen
ver|a hamingjusam|ur,
  -söm *(Ö!),* **-t** glücklich sein
ver|a hepp|inn *(m),*
  ver|a hepp|in *(w)*
  Glück haben

ver|a kyrr bleiben
ver|a með *(4.)* haben,
  besitzen
ver|a með kvef
  erkältet sein
ver|a sein|n/sein/seint
  (m/w/s) sich verspäten
ver|a þyrst|ur, -, -
  durstig sein
verð *(s2)* Preis
verð|a werden
verksmiðj|a *(w1)* Fabrik
verkstæði *(s3)* Werkstatt
verk|ur, -jar, -ir *(m2)*
  Schmerz
verslun, -ar, verslanir
  (w5) Geschäft (Laden)
vestur *(s2 Ez)* Westen
vettling|ur *(m2)*
  Handschuh
vetrarveg|ur, -ar, -ir
  (m2) Winterweg
vetur, vetrar, vetur *(m)*
  Winter
vél, -ar, -ar *(w3)* Motor
við hliðina á *(3.)* neben
viðkomustað|ur, -ar, -ir
  (m2) Bushaltestelle
viðtal *(Ö! s2)* Gespräch
vik|a *(w1)* Woche
vill|a *(w1)* Fehler
vill|ast, -ast *(v2)*
  sich verirren
vináttt|a *(w1)* Freundschaft
vind|ur, -ar, -ar *(m2)*
  Wind
vingjarnleg|ur
  freundlich
vinkon|a *(w1)* Freundin

vinn|a arbeiten
vinn|a *(w1)* Geschäft (Tätigkeit)
vinn|a sér inn verdienen
vinstra megin links
vin|ur, -ar, -ir *(m2)* Freund
vit|a wissen
vitlaus falsch
volg|ur warm (Wasser)
von|a, -að *(v1)* hoffen
vond|ur, -, vont schlecht
vor *(s2)* Frühling
vot|ur feucht
völl|ur *(m6)* (Fußball-)Feld

yfir *(3./4.)* über (örtl.)
yfirmaður *(m)* Chef
yfirvöld *(s2 Mz)* Behörde

þakk|a, -að *(v1)* danken
þak *(Ö! s2)* Dach
þangað dorthin
þangað til *(2.)* bis (zeitl.)

þar da, dort
þar á eftir danach
þarna da, dort
þá da
þegar wenn, als (zeitl.); schon
þekk|ja, -i, -ti, -t *(v2)* kennen
þess vegna darum, deshalb
þetta dieses
þjóð, -ar, -ir *(w3)* Volk
þjóðerni *(s3)* Staatsangehörigkeit, Nationalität
Þjóðverj|i *(m1)* Deutsche(r)
þjófnað|ur, -ar, -ir *(m2)* Diebstahl
þreytt|ur, -, - müde
þroska|ur, -kuð, -kað reif (Obst; Person)
þrumuveður *(A! s2)* Gewitter
þröng|ur eng
þung|ur schwer
þunn|ur dünn
þurf|a müssen; brauchen
þurr trocken

þvert í gegnum *(4.)* durch (quer)
því weil
þvo, þvæ, þvoði, þvegið waschen
þykk|ur dick
þyngd, -ar *(w3 Ez)* Gewicht
þyrst|ur, -, - durstig
þýð|a, -i, þýddi, þýtt *(v2)* übersetzen (Sprache)
þýðand|i, -a, þýðendur *(m)* Übersetzer
Þýskaland *(s2 Ez)* Deutschland
þýsk|ur deutsch

Æ/Ö

æf|a, -i, -ði, -t *(v2)* üben
ætl|a, -að *(v1)* wollen
ökutæki *(s3)* Fahrzeug
ölvað|ur, ölvuð, ölvað betrunken
öngul|l, -s, önglar *(A! m5)* Haken
örugg|ur sicher
öryggisbelti *(s3)* Sicherheitsgurt

Der Autor

Richard H. Kölbl:
Den Einstieg in die isländische Sprache, den Sie eben in Händen halten, habe ich während meines Geologiestudiums in Island 1991 - 92 in erster Auflage verfasst. Seither habe ich ihn immer wieder etwas umgearbeitet und aktualisiert, Anregungen und Kritiken von Lesern teilweise aufgenommen, teilweise konnte ich es leider nicht tun, wenngleich ich immer sehr interessiert an Ihrer Rückmeldung bin.

Die isländische Sprache begleitet mich seit Mitte der 80er. Ich habe über die Geologie und isländische Literatur enge Kontakte in das Land, dessen Geschick ich aufmerksam verfolge und versuche, durch Übersetzungen ein wenig von dem reichen Literaturleben dieser faszinierenden Sprache zugänglich zu machen. Über all die Jahre haben mir viele Isländer in langjährigen freundschaftlichen Kontakten geholfen, (nicht nur) die Sprache lebendig zu erhalten.

Dank an: Ari Trausti, Árni, Ásgeir, Dísa, Erla, Gerða, Gylfi, Halla, Ingvar, Kristín, Leifur, Marta, Palli, Óttar, Ragnhildur, Siglinde, Sigrún, Sindri, Tryggvi, Þórir.

Außerdem Dank an Sigga und Alex für die Unterstützung bei dieser Neuauflage.